AF063646

Herbert Küpferling

Haifischbecken
Baubranche

novum pro

www.novumpro.com

Bibliografische Information
der Deutschen Nationalbibliothek:

Die Deutsche Nationalbibliothek
verzeichnet diese Publikation in der
Deutschen Nationalbibliografie.
Detaillierte bibliografische Daten sind
im Internet über
http://www.d-nb.de abrufbar.

Alle Rechte der Verbreitung,
auch durch Film, Funk und Fernsehen, fotomechanische Wiedergabe, Tonträger, elektronische
Datenträger und auszugsweisen
Nachdruck, sind vorbehalten.

© 2011 novum publishing gmbh

ISBN 978-3-99003-093-6
Lektorat: Christine Schranz

Alle Namen sind frei erfunden, jedoch
die Begebenheiten nicht.

Gedruckt in der Europäischen Union
auf umweltfreundlichem, chlor- und
säurefrei gebleichtem Papier.

www.novumpro.com

AUSTRIA · GERMANY · HUNGARY · SPAIN · SWITZERLAND

Vorwort

Dieses Buch widme ich allen Jungunternehmern der Baubranche oder denjenigen, die es noch werden wollen, und denjenigen, die heute im Ruhestand sind und wissen, wovon ich schreibe.

Unternehmer, die glauben, reich zu werden, und die immer noch auf gute Zeiten in der Baubranche hoffen, die irren gewaltig. Je mehr Aufträge vergeben werden, desto mehr läuft das Geschäft der Auftraggeber, die Aufträge unter gewissen Umständen vergeben.

Meine Zeit als Selbstständiger und meine Erfahrungen in dieser Branche sollen in diesem Buch aufzeigen, wer am Schluss der oder die wirklichen Gewinner sind. Nicht viele von unserer Branche steigen am Schluss als Gewinner aus.

Auftraggeber, die glauben, Götter zu sein, Leute, die durch ihr Auftreten und künstliches Gehabe andere Menschen täuschen, um noch ein bisschen mehr aus ihnen rauszuholen. Die Schulterklopfer, die sagen: „Aber Sie machen das schon, Sie werden schon sehen!"

Dieses Buch soll natürlich niemanden hindern, sich selbstständig zu machen, aber doch zeigen, wie falsch es ist, nur einem Menschen in der Geschäftswelt absolut zu vertrauen.

Auch über meine Jugend möchte ich ein wenig berichten (sozusagen als zweites Vorwort). Das war die „schöne Zeit", in der ich noch an die Menschen geglaubt habe.

Ich wurde 1956 in Wien als unschuldiger Junge geboren und wuchs in einem Bezirk auf, wo nicht gerade die feinsten Leute wohnen, aber Menschen, die in ihrer Art und Weise immer noch auf geraden und ehrlichen Wegen ihr Geld verdienen. Jeder auf seine Art und Weise. So wie mein Vater, der als Baupolier tätig war und fast keine Zeit für seine Familie hatte, meine Mutter, die den Haushalt führte und glaubte, wenn Vater viel Geld bringt, sind die Kinder glücklich und zufrieden.

In manchen Situationen bemerkte ich schon als Kind, dass das viele Geld, das jeder glaubt, verdienen zu müssen, der Zwang, mit anderen Leuten mitzuhalten, sicherlich der falsche Weg ist. So verbrachte ich meine Kindheit wie so viele im Park, da wir ja gewusst haben, dass unsere Eltern keine oder sagen wir mal fast keine Zeit für uns hatten. Wir spielten Fußball nach der Schule, wir ließen uns bei Wacker Wien einschreiben, um wenigstens irgendwo einen Ansprechpartner zu haben, so wie meinen damaligen Trainer, Herrn Haas, den Namen werde ich nie vergessen. Dieser Mann wollte damals, dass ich beim Verein bleibe, da ich damals, ohne angeben zu wollen, doch ein gewisses Gefühl für den Ball hatte. Aber meine Mutter war damals dagegen, und mein Vater machte prinzipiell alles, was meine Mutter sagte. Sie hatte die Zügel in der Hand. So wie das morgendliche Aufstehritual: Schwesterchen durfte immer länger schlafen, weil der Bruder das Wasser wärmen musste, damit sich Schwesterchen waschen konnte. Wir hatten eine Wohnung: Zimmer, Küche Kabinett, Wasser und WC am Gang.

Eine lustige Situation mit meiner Schwester, an die ich mich gerne noch heute lachend erinnere, war: Meine Schwester wachte schon wieder nicht auf; ich musste sie wieder mal wecken. Das nervte mich – was machen? Ich nahm ein Zündholz und steckte es ihr zwischen die Zehen, zündete es an und wartete und wartete und wartete – bis zum fürchterlichen Schrei! Meine Mutter kam aus dem Wohnzimmer und Schwesterchen hüpfte im Kabinett auf einem Fuß umher, die Zehe war fürchterlich rot und geschwollen.

Sie musste dann 14 Tage mit Verband an der Zehe umherlaufen. Sie war damals 15 oder 16 und hatte viele Freunde, die natürlich alle lachten. Nun, das Zündholz, wie sich später herausstellte, war ganz abgebrannt. Sie hatte eben einen guten festen Schlaf! Und was machte der Übeltäter? Ich verließ fluchtartig die Wohnung und lachte und lachte. Aber der Tag danach war für mich gelaufen.

Damals war es nicht einfach, eine größere Wohnung zu finden. Aber die Zeiten wurden langsam besser, man lebte einfach und bescheiden; wir wohnten in einem Haus mit 5 Familien und 9 Kindern.

Der Hausbesitzer wohnte unter uns, es war sicherlich auch für ihn kein schönes Leben. Aber damals, wenn wirklich alles schiefgelaufen ist, dann wusste ich, wo ich hin konnte.

Wir hatten einen großen Hof und eine Tischlerei im Haus, wo von früh bis spät die Maschinen liefen. Das Geräusch habe ich heute noch im Ohr.

So vergingen die Jahre. Ich besuchte die Pflichtschule und belegte mit meinem Jahrgang den polytechnischen Lehrgang. Ich war gerade fertig mit der Pflichtschule, als die Zeit der Arbeiter kam. Die Wirtschaft blühte wie nie zuvor, Bruno Kreisky bekam die Absolute, der Maimarsch wurde wieder modern. Sie zogen auch durch meine Straße. Die roten Fahnen schwangen zur Musik, es wurde getrommelt und alle riefen: „Freundschaft!"

Meine Mutter schmückte die Fenster mit roten Fahnen, beugte sich hinaus und schrie und schrie: „Freundschaft, Freundschaft!", bis die Wände wackelten. Einmal hat sie zum Spaß sogar den Weihnachtsbaum mit einer sozialistischen Fahne geschmückt. Mein Vater sagte nur: „Wenn das der Pfarrer sieht!"

Die damalige Generation begann endlich nachzudenken. Man hatte sie satt, die Politik, und wollte die Partei an der

Macht haben, die Arbeit versprach und ein bisschen Wohlstand, und das hatten sie dann ab 1971. Es war gut für alle Beteiligten, ob Firmenchef oder Arbeiter.

Nun kam die große Berufsfrage auch auf mich zu.

„Mein Sohn geht zum Bau." Das war für meinen Vater sowieso klar, und Mutter sagte: „Da kannst du viel privat machen." Viel gefragt wurde ich damals nicht. Jede Widerrede – a Watschen.

Nun, ich wollte aber nicht zum Bau. Ich wollte Polizist werden, ganz einfacher Streifenpolizist. Oder Koch im Restaurant, aber ja nicht zum Bau.

Für die Polizei war ich einfach zu unterernährt und Koch durfte ich einfach nicht lernen. Was blieb mir anderes übrig, als wieder mal Mutters und Vaters guten Rat anzunehmen? Ich wurde Maler und Anstreicher, wie schön!

Teil 1

Meine Lehrjahre waren eine Katastrophe. Ich landete am Bau, musste weiße Arbeitskleidung tragen, war einem Gesellen ausgesetzt, der drei Mal in der Woche ziemlich lustig unterwegs war, ich meine im Alkoholrausch, und die restlichen Tage ließ er Gase von sich, dass der Polier erst gar nicht zu uns kam, um etwas zu fragen.

Und das ging 3 Jahre lang. Teilweise war ich einem anderen Gesellen zugeteilt, das war wie Urlaub für mich. Bei meinem Lehrgesellen musste ich mindestens drei Mal am Tag Wein holen. Ich musste mir Geschichten anhören über seine Zeit im Krieg und wie gut er nicht war als Flieger. Schon damals dachte ich mir: „Oh Gott!"

Die Langhaarigen waren ihm immer ein Dorn im Auge, und auch ich hatte schulterlanges Haar, immer gepflegt, bis die Berufswelt mich erfasst hat. Mit 17 dann ab die Haare, auf Wunsch meines Lehrchefs.

Es waren drei lange, furchtbare Jahre absoluter Qual. Das einzig Positive war, dass mein Schwesterchen inzwischen ausgezogen war und ich ihr Kabinett jetzt für meine Zwecke verwenden konnte. Sie hatte damals einen Hausmeisterposten angenommen und das Kabinett gehörte mir ganz alleine. War ich damals glücklich! Posters von den Stones, Hendrix und The Who hingen an der Wand. Woodstock, das war damals meine Welt – aber nicht nur meine, *unsere* Welt. Die Musiker schrieben Songs gegen Krieg, Elend, Hunger, Atomenergie etc. Ich war damals voller Überzeugung, dass sich alles ändern würde, Vietnam etc. Die Künstler wollten mit ihrer Musik den Menschen die Augen öffnen, endlich untereinander glücklich und zufrieden das Leben genießen, einander die Hände reichen – das war damals meine Traumwelt.

Nun, sie hielt nicht lange, diese Traumwelt. Die Zeit war gekommen, zu erkennen, dass das Leben doch nicht so rosig war. Ich war Geselle und lebte mit 19 noch zu Hause. Die Zeit war reif, ich wollte weg, einfach weg von zu Hause. Ich holte mir Geld von meiner Bank; das war freitags – ich hatte schon lang für diesen Trip gespart; ich wollte schon mit 15 einfach weg, wenn ich meine Lehrzeit beendet habe.

Jetzt war es so weit. Ich fuhr zum Westbahnhof und überlegte, wohin ich mich von dort aus wenden sollte. Ich hatte 3000,– Euro einstecken (ca. 42 000,– Schilling). Der Zug nach Amsterdam fuhr um 22.00 Uhr ab, also hatte ich noch 3 Stunden Zeit. Ich kaufte mir das Ticket, ging noch zur Post und rief einen damals in Linz wohnenden Freund an, den ich in meiner Kindheit am Traunsee kennengelernt hatte. Ich erzählte ihm, dass ich um zehn nach Amsterdam fahren würde. Er sagte nur eines: „Ich komme, ich steige in Linz ein!"

So war es auch. Das war eine Zeit, die ich nie vergessen werde!

Schon die Fahrt war für uns der Anfang unserer Amsterdam-Tour. Wir sahen uns im Zug um. Siehe da – zwei süße Mädels um die 20! Auch sie hatten die Nase voll, genau wie wir wollten sie mal eine Zeit frei sein. So fuhren wir zu viert nach Holland.

Nach langer Fahrt angekommen, suchten wir uns eine Absteige zum Übernachten. Wir waren alle müde und wollten einfach nur ein Zimmer, und was fanden wir durch meinen Wiener Schmäh? Ein Hausboot!

Da lag es, rot lackiert. Eine Frau um die 40 stand am Bootsrand und ich ging einfach hin, fiel auf die Knie und flehte sie an, ob sie nicht ein Zimmer für uns hätte. Die Frau, damals wunderte ich mich über sie, sagte: „Ja, kommt rein! Ihr könnt das Hausboot mieten, solange ihr es braucht."

Sie war Deutsche und ihr Mann war aus der Steiermark. Das kam uns gelegen, so wohnten wir auf den Grachten. Hollands nordisches Venedig.

Unsere Vermieterin wohnte in einem Hotel, das ihr gehörte. Sie lud uns zum Abendessen ein. Bald wusste ich genau, was nicht stimmte mit ihr: Nach einem Telefonat ging sie für eine Stunde weg. Sie war eine Prostituierte, aber das störte uns nicht. Das ist heute noch so mit den Damen in der Auslage, und das wird sich auch nicht ändern.

So vergingen die Monate. Ab und zu rief ich meine Eltern an, aber das war auch alles. Das Geld war schnell weg und wir mussten unbedingt arbeiten. Wir strichen Fassaden und Boote, und am Abend halfen wir in Lokale aus. Es war einfach immer was los. Egal welche Uhrzeit, es ging rund.

Wir waren beide in die Mädels verliebt, die wir im Zug kennengelernt hatten, und wir arbeiteten alle vier zusammen. Auch Musik war eine Leidenschaft von uns. So spielten wir auch öfters unsere eigene Musik. Mein Freund spielte Gitarre, ich trommelte, seine Freundin spielte Flöte und meine Freundin sang – und es war gut, einfach gut.

Wir gingen später nach Harlem ans Meer, wo wir auch einige Zeit verbrachten. Wir wollten eine eigene Band gründen. Vielleicht wäre das damals für mich das Beste gewesen.

Wir waren jung und ungebunden, und es war eine Zeit ohne Niederlagen. Am Abend waren wir am Strand, wir sprangen einfach nackt ins Meer und wir liebten uns, ich und meine Freundin waren sehr verspielt. Es war sehr schön, einfach frei und nackt im Meer zu schwimmen. Überall leuchteten die Lichter der Stadt; sie spiegelten sich im Meer und meine Welt war in Ordnung. Wir machten uns ein Lagerfeuer und sangen, grillten, tranken Wein und waren einfach zufrieden mit unserer so heilen Welt. Aber auch diese Zeit war einmal zu Ende.

Wir trennten uns freundschaftlich und mit schwerem Herzen, aber heute, wenn ich über diese Zeit nachdenke – und ich erinnere mich gerne daran –, wäre es vielleicht besser gewesen, ich wäre in Holland geblieben.

Aber so fuhr ich mit dem Zug nach Wien. Nach ca. 18 Monaten zurück in Wien. Es war einfach schrecklich für mich, wieder in dieser Stadt zu sein. Bürokratie war wieder an der Tagesordnung. Ich musste aufs Arbeitsamt, wo sie mir eine Stelle anboten; ich wohnte einige Zeit bei Freunden, dann wieder bei meinen Eltern und später bei meiner Schwester. Ich arbeitete wieder als Maler und Anstreicher in verschiedenen Firmen. Diese Zeit war gerade für mich nicht die schönste. Ich hatte einfach keinen Bock, für andere zu arbeiten. Ich war damals davon überzeugt, dass selbstständig zu sein einfach der beste Weg war, etwas mehr und vielleicht leichter Geld zu verdienen.

So kam das Jahr 1981. Ich lernte meine Frau kennen und lieben, und wir beschlossen zu heiraten. Wir waren jung und hatten natürlich viele Pläne miteinander geschmiedet. Einmal ein eigenes Haus, 3 Kinder, einen Hund. Um das zu erreichen, müsste man Tag und Nacht arbeiten. Wir hatten doch schon 2 Kinder und wohnten in einer Gemeindewohnung. Ich hatte seit 6 Jahren einen Job bei einer Malerfirma und geldmäßig ging es uns gar nicht schlecht. Wir verdienten beide gut, ich arbeitete sehr viel, machte Überstunden um Überstunden, ging noch privat arbeiten. Wir führten eine sehr gute Ehe. Die Kinder waren sehr glücklich, beide gingen in eine Privatschule und sie hatten gute Noten. Wir hatten mit beiden Kindern keine Probleme, aber mir fehlte etwas – ich wollte einfach mehr. Viel mehr.

Ich überlegte, die Meisterprüfung zu machen. Wir hatten ja einiges Geld gespart und ich wollte selbstständig sein, zwei bis vier Gesellen haben und auch Lehrlinge ausbilden, einfach mein Wissen weitergeben.

So machte ich 1986/87 im WIFI St. Pölten die Meisterschule und bestand die Prüfung. Die Welt war für mich in Ordnung. Alles geschah so in meinem Leben, wie ich es mir vorgestellt hatte. Was hielt mich noch, auf selbstständiger Basis zu arbeiten?

So meldete ich mein Gewerbe am 22.06.87, zu meinem Geburtstag, an. Schon damals waren viele meiner Freunde neidisch auf meinen Erfolg, aber ich lernte fast Tag und Nacht für die Meisterprüfung und es war auch nicht einfach für uns. Ich musste mich arbeitslos melden, meine Abfertigung ging flöten, das Ersparte war weg und meine Frau musste sehr viel arbeiten, auch zu Hause für ihre damalige Firma, damit sie mehr verdiente und ich eben meine Meisterprüfung machen konnte.

Am Arbeitsamt in der Herbststraße war ich damals beim Chef der Abteilung für Bau-, Holz- und Nebengewerbe. Dieser Mann, ich bin heute davon überzeugt, dass er ein „Erzroter" war, sagte mir: Wenn ich die Prüfung beim ersten Mal bestand, würde mir das Arbeitsamt die Einschreibgebühr bezahlen. Das waren damals 35 000,– Schilling, und das Arbeitslosengeld bekam ich gleich vom ersten Tag an.

Damals waren die Zeiten noch anders. Das Versprechen wurde eingehalten, und dies half meiner Familie und mir sehr. So begann ich auf selbstständiger Basis zu arbeiten. Wir schickten Werbebriefe an Architekten, Hausverwalter usw. Zudem hatte ich Privatkunden aus meiner Gesellenzeit.

Mein erster großer Auftrag war die SPÖ-Zentrale in der Löwelstraße. Ich malte fast den gesamten Bürobereich aus, strich Türen und Fenster, ich hatte damals absolut keine Probleme, ich bekam mein Geld wie vereinbart.

Nun, die Welt war für mich in Ordnung – noch. Ich hatte keinen Grund, einen Kredit aufzunehmen, ich hatte Aufträge, ein Auto von meinem Schwiegervater aus der Schweiz – einen Peugeot 504 mit Dachträgern für die Leitern. Meine

Firmenadresse war auch meine Wohnadresse und im gleichen Haus hatte ich eine Garage als Werkstatt. Das genügte mir.

Leider meinte es das Schicksal anders mit mir.

Zu diesem Zeitpunkt begann eine Geschichte, die mich dazu bewegt, meine Story zu schreiben, die zukünftige Jungunternehmer zum Nachdenken anregen soll.

Nach meiner Werbeaussendung auch an die Hausverwalter etc. bekam ich per Fax Antwort von einem Hausverwalter. Er ersuchte mich per Fax um etliche Angebote, die ich auch prompt offerierte und zurückfaxte. Es handelte und handelt sich dabei noch immer um eine „renommierte" Hausverwaltung. Junior hat die Wirtschaftsuniversität absolviert, ist Vermögensberater und sozusagen Magister der Wirtschaft. Daddy gründete die Firma und Junior führt sie heute weiter. Alle sprechen nur das Beste über die Familie, die natürlich sehr wohlhabend ist und eine weiße Weste besitzen. Glauben Sie? Ich wurde eingeladen, in die Kanzlei zu kommen, um die Offerte zu besprechen, so hieß es damals. In der Kanzlei angelangt, natürlich mit Anzug und Krawatte, wurde ich in einen Raum mit gepolsterten Doppeltüren geführt, und dann lernte ich sie kennen. Die Geier warteten schon auf ihr nächstes Opfer (Senior, Junior und Tante). Senior übernahm sofort das Gespräch und erzählte mir von seiner Hausverwaltung, wie viel Arbeit sie hätten und dass der Werbebrief zur günstigsten Zeit gekommen war, weil, so wörtlich, ihr Maler nicht mehr für sie arbeiten könne, da er bald in Pension ginge.

Dieser Malermeister, so stellte sich später heraus, wollte oder besser gesagt konnte nicht mehr für sie arbeiten – er wusste damals schon, wie der Hase läuft. Ich hingegen ahnte noch nicht, dass ich mich auf Auftraggeber einließ, die, wenn es sein muss, über Leichen gehen.

Ich schreibe das nicht nur aus Langeweile oder Selbstmitleid, sondern ich möchte und muss den zukünftigen Unternehmern erzählen, wie ich aus Fängen dieser Firma wieder heil herausgekommen bin. Ohne Hilfe von Banken oder sonstigen Instituten – ich war damals ganz auf mich allein gestellt.

Das Gespräch drehte sich um meine Angebote, darum, wann ich anfangen könnte mit dieser oder jener Arbeit, wie lange ich brauche etc., etc. Ich glaube, die wichtigste Frage für den Hausverwalter Senior war, wer denn meine Buchhaltung mache, ob die Firma ein Einzelbetrieb bleiben würde oder ob ich vorhatte, in späterer Zeit eine GmbH zu gründen. In dem Fall müsste sich die Hausverwaltung wieder von mir trennen bzw. hätte ich dann keine Aufträge mehr zu erwarten, weder von ihm noch seiner Tante, die eine eigene Hausverwaltung in den gleichen Räumlichkeiten hatte. Die Dame ist bereits verstorben. Leider konnte ich ihr nicht mehr sagen, wie ich mich fühlte. Diese alte Dame – ich glaube, sie verstand mich – konnte nichts für mein Unheil. Das ging alles über den Kopf von Senior und später Junior, so ca. im Jahre 1996.

Die entscheidende Frage des Seniors war, was er eigentlich davon hätte, wenn er mir sehr viele Aufträge zuschanzte und was ich mir vorstellte.

Damals war ich noch sehr unerfahren; ich antwortete beiden, dass ich eine sehr sachgerechte Arbeit mache und flexibel sei, denn mein Motto lautete: WIR HABEN IMMER ZEIT FÜR SIE.

Senior und Junior lachten und sagten: „Nun, Erfahrung haben Sie in der Branche als selbstständiger Malermeister noch nicht viel, das hören wir."

Ich wunderte mich und fragte beide, was sie sich außer guter Arbeit sonst noch vorstellten. „Nun", sagte Senior, „es ist üblich, in der Branche beziehungsweise bei uns in der

Hausverwaltung 10 % der Nettosumme der jeweiligen Rechnungen an die Hausverwaltungen zu zahlen, die eben die Aufträge hergeben. Entweder an die Tante oder eben an Senior."

Ich war anfangs sehr schockiert, als sie dann noch sagten, ohne Honorarnote; zu gut Deutsch: schwarz. Die Summe war mir einfach zu hoch; ich überlegte in Sekundenbruchteilen: „Was mache ich jetzt, so etwas lernt man nicht in der Meisterschule, ich glaube, es ist eigentlich üblich, für Aufträge zu bezahlen."

Ich ersuchte alle drei um eine Bedenkzeit und fuhr mit gemischten Gefühlen nach Hause. Die Aufträge, die sie mir versprochen hatten, und dass ich mich darauf einstellen müsste, dass ich bei ihnen ständig Arbeit hätte, wenn es sein muss, Tag und Nacht – das war für einen Jungunternehmer wie ein Lotto-6er, glaubte ich. Ich nahm wirklich an, das wäre ein Wink des Schicksals und ich würde durch diese Hausverwaltung ein halbwegs gemachter Mann. Nicht schwerreich, das wusste ich damals schon, das ging nicht in der Branche, aber doch finanziell abgesichert für meine Zukunft und die Zukunft meiner Kinder. Aber zehn Prozent waren sehr viel. Ich überlegte lange, ich konnte die ganze Nacht nicht schlafen, ich grübelte, ich konnte ja mit niemandem darüber sprechen.

Schließlich beschloss ich, am nächsten Tag einen Termin zu vereinbaren, wo sie dann auch gleich zusagten. Ich bot ihnen an: „Höchstens 2 Prozent", denn das war schon in Summe gesehen sehr viel. Senior verneinte sofort und verlangte mindestens fünf Prozent. Ich ließ mich auf die Sache ein – unter der Bedingung, dass Senior und in späterer Folge Junior mir zusicherten, mir für die Summe, die ohne Honorarrechnung ausbezahlt wurde, am Jahresende oder Beginn des neuen Jahres extra Aufträge zu geben, um den Verlust wieder auszugleichen.

Senior sagte, das sei alles machbar, und legte mir alle Offerten, die ich in der Zwischenzeit gemacht hatte, schon unterfertigt und mit Auftragsbestätigung auf den Tisch. Das waren damals ca. 220 000,– Schilling. Welcher Jungunternehmer sagte da Nein, wo er noch vor 6 Monaten um 12 500,– Schilling als Geselle für eine andere Firma gearbeitet hat? Ich glaube, da gibt es nicht viele. So begann die Zeit der Abhängigkeit.

Ich begann eine Arbeit im 8. Wiener Gemeindebezirk, ein Haus, das Senior und Tante gehörte. Da strich ich Schwingtüren am Gang. Senior kam täglich und schaute, wie ich arbeitete. Er war sehr zufrieden mit meiner Ausführung.

Als die Arbeit nach einer Woche beendet war, sagte Senior: „Hr. Malermeister, Sie kommen immer zu mir ins Büro Inkasso machen."

Jede Arbeit wurde somit immer und in späterer Folge auch von Junior abgerechnet. Wasserschäden wurden an die Bank überwiesen. Das gleiche System galt bei der Tante. Ich kam ins Büro des Seniors Inkasso machen und rechnete mir die Summe schon zu Hause in meinem Büro aus, um wieder schnell aus dem Büro rauszukommen. Ich fühlte mich bei der ganzen Sache nicht wohl und mein Gefühl sagte mir damals schon nichts Gutes, aber damals war ich noch jünger und, wie schon erwähnt, sehr unerfahren.

Im Büro musste ich im Vorzimmer Platz nehmen. Meine Hände waren sehr verschwitzt, ich hatte Angstgefühle und mein ganzer Körper begann leicht zu zittern. Ich schwitzte und ich fühlte mich einfach nicht wohl.

Endlich kam Senior aus seinem Büro. Er bat mich mit einem Lächeln, das ich nie vergessen werde, zu sich ins Büro. Ich legte die Rechnung auf den Tisch, er verglich sie ganz genau mit dem Kostenvoranschlag und zog immer wieder die Augenbrauen nach oben. „Na ja", sagte er, „da müssen wir noch etwas machen, die Summe im eigenen Haus von mir und meiner Tante hat leider nicht so viel im Budget. Nun, ich hoffe, Herr Malermeister, Sie geben mir noch 10 % Nachlass und 3 % Skonto und das Ausgemachte, also die 5 % extra, das ziehe ich Ihnen gleich ab, und die 5 % brauchen Sie bei meiner Tante nicht zu erwähnen."

Ich verstand: ein Bandit von besonderer Art. „Bei uns ist es üblich, dass alle Firmenchefs zu mir kommen und Inkasso machen, und sie bekommen dann die Summe cash oder eben einen Scheck, so wie wir es eben im Safe haben."

Das war auch der Grund, warum ich so lange gewartet hatte. Es war nämlich ein Mann mit blauem Arbeitsmantel aus seinem Büro gekommen, der, so kam mir das damals vor, ziemlich sauer wirkte. Später stellte sich dann heraus, dass er der Tischlermeister war – auch ein eigenes Thema, aber davon später.

Wenn ich die Prozente zusammenrechnete, kamen nun 18 % raus, davon 5 % schwarz. Die Hausverwaltung stand jetzt bei den Mietern gut da, weil sie einen Malermeister hatte, der sehr gute Arbeit lieferte und nicht teuer war. Dazu gab es noch einen Nachlass und Skonto, und alle Mieter sagten der Hausverwaltung, dem könne man vertrauen, ja, ja, die ganze Familie sei sehr nett, hörte ich am Anfang meiner Tätigkeit bei ihnen. Nach ein paar Jahren hat sich das dann schlagartig geändert.

Nun gut, ich war damals nicht so begeistert über die erhaltene Summe, aber ich dachte mir: Die Arbeit habe ich alleine gemacht, ohne irgendeinen Mitarbeiter. So blieb doch noch eine kleine Summe für die Firma, aber mit diesem Verdienten kaufte ich wieder Materialien für die nächste Baustelle ein.

Schulden hatte ich damals noch keine. Meine Rechnung ging zwar nicht ganz so auf, wie ich mir das vorgestellt hatte, aber egal – nun, es ging weiter.

Am Anfang meiner KARRIERE BEI IHNEN („bei uns", so bezeichnete es Senior) – er hatte ja so manchen weisen

Satz auf Lager – sagte Senior: „SEIEN SIE FROH, DASS SIE BEI UNS GELANDET SIND; diesen Tag können Sie in Ihren Kalender schreiben. Glauben Sie mir das, Herr Malermeister, andere wären froh, wenn sie für uns arbeiten dürften."

Und ICH, ja, ich war so naiv, das noch zu glauben. Dennoch fragte ich mich, warum wohl der Tischlermeister mit fadem Gesicht aus seinem Büro kam, wenn er gerade Rechnungen in bar kassiert hatte. Eigenartig.

Nun, jetzt war es so weit. Ich brauchte Mitarbeiter und natürlich Lehrlinge, da es immer mein Wunsch gewesen war, Lehrlinge auszubilden. Am Schluss waren es dann 10 Lehrlinge, die erfolgreich ihre Lehre abschlossen. Ich hatte ja Aufträge seitens der Hausverwaltung, die ich durchführen musste.

Es war zur damaligen Zeit nicht einfach, gute Mitarbeiter zu finden. Die Wirtschaft war in roten Händen und alle hatten genug Arbeit, manche so viel, dass sie sie an Subfirmen weitergeben mussten.

Ich hatte Aufträge von Senior und Tante, drei Wohnungssanierungen, ausmalen, Fenster und Türen streichen. Leider war eine Wohnung davon wieder in seinem Haus.

So begann die Suche nach guten Mitarbeitern. Nach sehr langen Vorstellungsgesprächen nahm ich 3 Mitarbeiter und 2 Lehrlinge auf. Wir hatten 2 Wohnungen im 9. Bezirk zu beginnen. Die Zeit für diese Arbeiten war für 7 Wochen kalkuliert.

Ich hatte kein Geld. Wie erwähnt wollte ich keine Schulden machen, obwohl ich mit den Aufträgen in der Hand jeden Kredit bekommen hätte, aber ich wollte eben nicht von der Bank abhängig sein. Mein Steuerberater meinte einmal, das sei das Schrecklichste, was einem Unternehmer passieren könne: wenn die Firma sozusagen schon der Bank gehöre. Und das wollte ich einfach nicht.

Ich hatte am Anfang etwas älteres Personal aufgenommen. Sie waren halbwegs gute Mitarbeiter, zumindest zwei davon. Der dritte fing nach 2 Wochen zu trinken an. Ich kündigte ihn sofort, aber ich staunte nicht schlecht: Die Abrechnung dieses Mitarbeiters und die Nebenkosten wie Krankenkasse usw. waren enorm, das hatte der Arbeiter nie verdient. Ich musste natürlich meine Zeit einhalten, es wartete ja schon der Mieter vor der Tür. Was blieb mir anderes übrig, als meine 2 Mitarbeiter und Lehrlinge zu ersuchen, Samstag und Sonntag zu arbeiten? Natürlich mit Sonderprämien.

Nun, sie halfen zu mir und arbeiteten sehr fleißig, aber es half nichts. Das Monatsende kam und die Löhne waren fällig, und ich musste unbedingt Geld herbeischaffen.

Ich rief in der Hausverwaltung an und sprach mit Senior, ob ich nicht ein Akonto haben könnte. Löhne und Abgaben wären fällig. Ich sagte es ihm einfach so, wie ich es mir dachte. Ich nahm an, damit wäre alles klar – aber weit gefehlt. Er antwortete: „Wenn Ihre Firma kein Geld hat, sehen wir das nicht gern. Keiner meiner Firmen verlangt ein Akonto. Sie sind der Erste, der eines bekommt."

Ich hatte momentan Schuldgefühle, war mir aber keiner Schuld bewusst. Auch war ich in diesem Augenblick ein wenig verunsichert von der Art und Weise, wie Senior und später Junior mit mir sprachen. Im Laufe der Jahre wurden sie immer unhöflicher.

Senior löcherte mich mit Fragen. Ich wunderte mich, wie sehr sich ein Mensch verändern kann, wenn es um Geld geht, das nicht einmal ihm gehört bzw. das ich ja schon verdient hatte – die beiden Wohnungen waren fertig ausgemalt. Die Außenfenster waren eingehängt und ordnungsgemäß gestrichen, womit die Akonto-Summe auch meiner Leistung bzw. der Leistung meiner Mitarbeiter entsprach.

Ich erklärte, dass ich mit dem Geld, das ich in seinem Haus umgesetzt hatte, ja einen Teil Materialien und einen

Teil Abgaben bezahlt hatte, und dass ich zudem erst seit 6 Wochen selbstständig war. Nach langem Hin und Her sagte er: „Na gut, kommen Sie mit einer Akonto-Rechnung zu mir ins Büro", und das Spielchen begann von Neuem.

Ich wartete eine halbe Stunde im Vorzimmer, ich hatte das Arbeitsgewand an und ich schwitzte und schwitzte. Endlich kam Senior in Begleitung eines zweiten Mannes aus seinem Büro. Der zweite war eine kleine, ziemlich lustige Person. Später stellte sich heraus, dass es sich um den Installateurmeister handelte. Senior hatte zwei von dieser Sorte, wobei einer von ihnen absprang – aus Gründen, die ich später erläutern werde.

Ich betrat den Raum mit Schaudern; das Büro war ziemlich düster, an der Wand hing ein großes Herrgottskreuz, links und rechts davon befanden sich Ölbilder von Kreuzungen. Die Bilder wirkten sehr wertvoll. Alles war stilvoll eingerichtet, aber eben sehr dunkel.

Auch in den folgenden Jahren hatte ich immer ein ungutes Gefühl, wenn ich die Kanzlei betrat. Als ich zum ersten Mal bei Senior Inkasso machte, kam ich noch mit besserem Gefühl zu ihm. Da fiel mir das Düstere nicht so auf. Es war mein erstes selbst verdientes Geld als Selbstständiger, und ich war doch auf irgendeine Art und Weise stolz auf mich. Zu diesem Zeitpunkt wusste ich noch nicht, was in den nächsten Jahren auf mich zukommen würde.

Nun, ich betrat den Raum, es lagen sehr viele Akten auf seinem Tisch, und siehe da, ich schaute genauer, und was sah ich? Eine Akonto-Rechnung vom Installateur! Senior hatte vergessen, das Inkassobuch zu schließen (damals waren die Akonto-Rechnungen ohne Umsatzsteuer, dies wurde erst später eingeführt).

Jetzt verstand ich die Welt nicht mehr. Ich hatte eine halbe Stunde lang am Telefon über einen Vorschusses diskutiert, der ja kein Vorschuss in diesem Sinne war – und nun sah ich eine Akonto-Rechnung vom Installateur!

Ich wollte aber nicht weiter auf die Sache eingehen, es war mir damals einfach zu dumm.

Nun zu meiner Akonto-Rechnung. Er kontrollierte die Rechnung ganz genau, die Brille halb aufgesetzt, die Blicke immer wieder prüfend auf mich gerichtet. Sie waren teilweise beängstigend. „Nun, Herr Malermeister, schön und gut. Aber eines ist Ihnen schon klar: Auch von der Akonto-Rechnung bekomme ich das Ausgemachte, Sie wissen schon, was ich meine."

Nun, ich sagte Ja. Was blieb mir auch sonst übrig? Die einzige andere Option wäre gewesen, einfach die Löhne nicht zu bezahlen, die Leute wieder zu kündigen und vielleicht noch die Firma schließen zu müssen. Aber das war nicht Sinn und Zweck der Sache.

Einfach mitspielen, das war damals die Devise, einfach mitmachen bei der großen Gaunerei.

Ich hatte nach dem Inkasso Bauchschmerzen, Zorn, alles; ich wusste: Jetzt muss ich bei manchen Sachen einfach mitspielen. Mein Leben ging schön langsam den Bach runter, ohne dass ich es merkte. Ich war gefangen. Alleine? Ich meine, mein Leben als Selbstständiger, das Private kam erst später.

Ich konnte mit niemandem über diese Sache sprechen, weil ich eben mitgespielt hatte, ohne viel beizutragen. Das hatte schon Senior für mich erledigt. Ich wollte doch einfach nur selbstständig sein, um von keinem Firmenchef abhängig zu sein. Ich hatte nur für mich arbeiten wollen und arbeitete jetzt sozusagen für die nette Familie Senior, Junior und Tante. Was blieb mir anderes übrig, als weiterzuarbeiten? Meine Hoffnung war jahrelang, dass ich vielleicht doch noch einen Hausverwalter kennenlernen würde, der mir Aufträge gab, ohne irgendetwas zu verlangen.

Zwei Wochen später schloss ich die Arbeiten an den 3 Wohnungen in der Hoffnung ab, schnell zu kassieren und vielleicht eine neue Werbeaktion zu starten, um eventuell aus den Klauen der Familie rauszukommen. Es sei noch erwähnt, dass sich Senior bei den drei Schlussrechnungen das Ausgemachte und extra 3 % Skonto abgezogen hatte; der Grund war eindeutig (für ihn): „Wissen Sie, Herr Meister, da kenne ich den Hausherrn sehr gut und der bekommt von jeder Firma ein Skonto, das ist so üblich. Ich glaube, das macht Ihnen ja nichts, ODER?!"

Ich kassierte die restliche Summe, was halt noch von der Rechnung geblieben war, und verabschiedete mich. Ich hörte von Senior eine Zeit lang nichts mehr und wunderte mich eigentlich, aber ich hatte noch ein paar Privatkunden, sodass ich mich mit den beiden Gesellen und Lehrlingen eine Zeit über Wasser halten konnte.

Durch einen seltsamen Zufall erfuhr ich, dass Senior, Junior und Tante doch noch einen zweiten Malermeister hatten. Warum hatten sie mir das verschwiegen? Es wäre mir doch egal gewesen.

Erst später stellte sich heraus, dass diese Firma schon jahrelang für die Hausverwaltung arbeitete. Wieder einmal kam ein Anruf von Senior, ein Treffen mit allen Firmen sei geplant, komplette Haussanierung inklusive fast aller Wohnungen im 8. Bezirk (oh Gott, sein Haus?!) stehe bevor. Nun, es war in der gleichen Straße, aber ein Haus, das sich Junior gekauft hatte. Familie ist Familie, also das gleiche System.

Das Treffen war, ich kann mich noch genau erinnern, an einem Samstagvormittag. Da lernte ich sie alle kennen, die mitgefangenen Baumeister, Elektriker, Installateure und Bodentischler. Diese Firmen waren auch neu bei Senior, Junior und Tante, doch sie hatten mir gegenüber einen Vorteil. Sie waren schon jahrelang selbstständig und hatten eine gewisse Erfahrung. Bis auf den Elektrikermeister, von dem ich glaube, mich erinnern zu können, dass er auch neu auf dem Markt war. Ich hatte dann später einen Spitznamen für ihn: Ötzi. Dem Mann war auf der Baustelle nie kalt.

Es gab noch einen weiteren Elektriker, Baumeister, Installateur und Fliesenleger. Fliesenlegerarbeiten übernahm dann in späterer Folge der neue Baumeister, er war einfach immer billiger. Komisch – woher kannte er nur so genau die Preise des Fliesenlegers? Die, die jahrelang für die Hausverwaltung gearbeitet hatten, kamen seltsamerweise fast nicht mehr zum Zug. Alles machten auf einmal Ötzi und der neue Baumeister, und auch mein Konkurrent war weit und breit nicht zu sehen. Auch gut. Junior wusste nicht, dass ich durch Zufall erfahren hatte, dass es bei ihnen doch Konkurrenten gab, die eben sehr lange für sie gearbeitet hatten.

In späterer Folge sagten Senior und auch Junior: „Bei uns werden die Firmen alle alt." Da widersprachen sie sich aber, ODER?!, denn die Firmen, die jahrelang für Senior beschäftigt gewesen waren, waren auf einmal wie weggeblasen. Entweder waren sie froh darüber, nur mehr wenige oder gar keine Aufträge zu erhalten, oder sie hatten einen großen Kundenstock. Es waren doch schon alteingesessene Firmen, die so eine Hausverwaltung verkraften konnten. Bei einer neuen Firma wie der meinen sah das anders aus.

Die einzige Ausnahme war der Tischlermeister, der hatte Glück! Der durfte als einziger Alteingesessener für Senior und Junior weiter Arbeiten durchführen – warum wohl?

Nun, zurück zur Arbeit. Das komplette Stiegenhaus wurde ausgemalt undfünf Wohnungen wurden komplett renovier Leitungen, Verputz, Fliesen, Elektrik, Fenster wurden saniert, alles tapeziert und alle Fenster und Türen gestrichen. Das Stiegenhaus wurde komplett saniert, alle Leitungen wurden erneuert usw.

Junior sprach: „Bitte, meine Herren, haltet euch mit den Preisen zurück, es ist doch mein erstes eigenes Haus und ihr wollt, seid mal ehrlich, weiter für Daddy und mich arbeiten, oder? Also, meine Herren, erst einmal Angebote, so schnell wie möglich, bis spätestens nächsten Montag in der Kanzlei abgeben, pünktlich und unterzeichnet! Nun gut, alles klar." Juniors Standardspruch: „ALLES KLAR."

Junior hatte viel von Daddy gelernt, und ich glaube auch, dass es zu diesem Zeitpunkt schon etliche Offerten von den alteingesessenen Firmen gegeben hat. Ich gab pünktlich am Montag um 10.00 Uhr die Offerte ab. Am darauf folgenden Tag wurde ich von Junior angerufen. Er bedankte sich für die prompten Kostenvoranschläge und bat mich noch am selben Tag zu sich in die Kanzlei.

Die Preise waren sehr niedrig, wie eben verlangt wurde, aber wieder hatte ich Arbeit für mich und meine Mitarbeiter. Das Auftragsgespräch war sehr intensiv und Junior verlangte das Ausgemachte, wie üblich Seniors Schule und das übliche Skonto. „Und mit den einzelnen Einheitspreisen", so Juniors Wortlaut, „sprechen wir später darüber."

Nun, Durchblick hatte ich keinen mehr. In der Zwischenzeit gab mir Senior einen großen Auftrag im 2. Bezirk: Alle Hoffenster, Lichthoffenster und gassenseitige Außenfenster, die vom Tischler schon neu geliefert und montiert waren und schon für den Anstreicher bereitstanden. Diesen Kostenvoranschlag bekam ich am gleichen Tag per Fax von Senior, natürlich ohne Preise von der Konkurrenz, die laut Senior kurz vor der Pension stand.

Ich antwortete binnen einer Stunde – ich brauchte Arbeit für meine Mitarbeiter und Lehrlinge.

Die Anstreicherarbeiten waren sofort durchzuführen, das Wetter war genau richtig und auch ein Gerüst stand schon wochenlang im Lichthof zum Abholen bereit und jeder Tag kostete Geld. Noch am gleichen Tag erhielt ich per Fax den Auftrag von 350 000,– Schilling. Mir fiel ein Stein vom Herzen.

Ich arbeitete mit meinen Mitarbeitern auch wieder samstags und so ging es dahin. Bald war es so weit: Juniors Haus war anzufangen.

Ich musste jetzt sofort reagieren. Die Mitarbeiter im 2. Bezirk konnte ich nicht von der Baustelle abziehen, daher waren neue Mitarbeiter gefragt. Ich rief am Arbeitsamt an, und der zuständige Herr versprach mir, sofort jemanden zu schicken.

Es kamen so um die 10 Arbeiter. Es war nicht leicht; ein paar wollten nur den Stempel, damit sie weiter Arbeitslosengeld erhalten konnten, und die anderen rochen ziemlich nach Alkohol. Wieder nichts. Die Ausländer, die arbeiten wollten, durften nicht, weil sie keine Arbeitserlaubnis erhielten.

Schließlich gelang es mir doch noch, halbwegs gute Arbeiter zu finden, und siehe da – auf einmal hatte ich binnen 3 Jahren 15 Mitarbeiter und 4 Lehrlinge.

Es war schon das dritte Jahr, das ich für die Hausverwaltung arbeitete. Ich hatte Glück und in der Zwischenzeit meldete sich eine neue Hausverwaltung bei mir und spielte mir ohne fixe Vereinbarung Aufträge zu, wie zum Beispiel 10 Stiegenhäuser in einer Siedlung neu zu malen, ein Flachdach zu beschichten, alle Stiegenhausgeländer zu streichen – ein schöner Auftrag und prompte Bezahlung. Das war oder ist noch immer eine korrekte und ehrliche Hausverwaltung, und davon gibt es wenige, das könnt ihr mir glauben.

Wir hatten Naturfenster in bewohnten Anlagen zu streichen, also sehr viel Arbeit. Senior, Junior und Tante bemerkten, dass ich in letzter Zeit nicht mehr auf den Baustellen mitarbeitete und sehr im Stress war. Sie fragten, was denn los sei. Ich erzählte ganz stolz und mit gutem Gewissen, dass ich als zweites Standbein eine weitere Hausverwaltung an Land gezogen hatte. Darauf meinte Senior wütend: „Nun, da brauchen Sie uns eh nicht mehr, da können wir uns nach einem neuen Malermeister umsehen. Ich hoffe, Sie bewältigen zuerst meine Arbeiten."

Ich blieb mit Junior allein im Büro zurück. Senior war gekränkt und verließ die Kanzlei. Warum, brauche ich wohl nicht zu schreiben: nicht weil ich im Stress war oder weil ich einen neuen Hausverwalter als Kunden hatte, sondern weil er Angst hatte, er müsse sich einen Neuen finden, der mit dem Ausgemachten einverstanden war. 5 % von der Nettosumme jeder Rechnung ist ja nicht gerade ohne.

Nun, zurück zu Junior. Er beschwichtigte mich und sagte: „Herr Malermeister, ich kann Sie sehr gut leiden, ich habe jetzt 3 Jahre gesehen, wie Ihre Firma arbeitet. Keine Sorge, Sie sind unser Mann."

Wir sind ein gutes Team geworden, der neue Baumeister, dann Ötzi und der lustige kleine Installateur. Der Tischler, der Bodenleger sowieso und alle anderen bis zur Glaserfirma sind nicht erwähnenswert; sie hatten schon für Seniors Großvater gearbeitet.

In späterer Folge ging die Glaserfirma in Pension und Junior Glaserer übernahm nicht die Firma (warum wohl?); Aufträge waren laut Junior da. Nun, das war für mich natürlich zur damaligen Zeit sehr angenehm. Hätte ich bloß ein bisschen mehr über Juniors Sätze nachgedacht! Heute würde mir das in diesem Ausmaß nicht mehr passieren; ich wäre bei solchen Sätzen schon vorsichtiger.

Drei Jahre waren vorbei und jetzt kamen harten Zeiten auf mich zu, ohne dass ich es sofort merkte. Es ging schnell, beinhart. Die Bilanz war fertig, und mein damaliger Steuerberater war wohl der beste, obwohl wir dann in späterer Folge gegeneinander vor Gericht standen. Aber das ist eine andere Geschichte, die ich später kurz erwähnen werde.

Nun, ich saß bei meinem Steuerberater. Mein gutes Gefühl war etwas eingeschränkt. Ich hatte Bauchschmerzen, weil er von dem Ausgemachten zwischen Senior, Junior und Tante nichts wusste. Er schaute mich mit seinen Lesebrillen genau an und sagte: „Ihre Firma hat in den ersten drei Jahren tolle Umsätze gemacht. Ich sehe, Sie sind ein guter Geschäftsmann. Weiters muss ich Ihnen raten, dringend eine GmbH zu gründen. Sie haben eine Million Schilling nachzuzahlen, ich sehe aber auf Ihren Kontoauszügen und der Schlussbilanz ein Minus auf Ihrer Bank. Was ist los, wo ist das Geld? Sie müssten laut Schlussbilanz eine Million und fünfhunderttausend Schilling (ca. 110 000,– Euro haben, wo ist das Geld? Ich hätte Ihnen dringend geraten, mit diesem Geld eine GmbH zu gründen. Das wäre ganz wichtig für Ihren Betrieb. Wenn Sie in den nächsten Jahren wieder so hohe Umsätze machen, können Sie nichts mehr abschreiben, weil die Zeit kommt auch noch, dann zahlen Sie Steuern, bis Sie schwarz werden, aber trotz allem, wenn Sie in den nächsten Jahren das Geld für die Einkommenssteuer nicht haben – und das ist dann eine größere Summe –, kommt es so weit, dass Sie Ihren Betrieb schließen müssen, wie auch immer, aber das sind die Fakten, Herr Malermeister."

Ich sagte ihm, dass ich gerade Haus baute und dieses Geld ins Haus geflossen sei. Was überhaupt nicht stimmte, da ich und meine Frau einen Teil gespart und für den Rest einen sehr guten Kredit mit Lebensversicherung abgeschlossen hatten. Ich musste in dieser Zeit kein Geld von der Firma rausnehmen, da wir alles von Privatkredit und Gespartem verwendeten. Ich wollte das auch gar nicht, ich hielt den Hausbau und die Firma getrennt. Die Rückzahlungsrate bezahlten wir vom Gehalt meiner Frau. Sie arbeitete in meinem Betrieb als Sekretärin und in späterer Folge machte sie auch die Buchhaltung, die der Steuerberater wie die Zwischenbilanz jedes Monat kontrollierte.

Ich stellte ein Ratenansuchen am Finanzamt, dass wir die Million Schilling auf 5 Mal bezahlen durften. Das ging in Ordnung. Wir hatten ja noch die andere korrekte Hausverwaltung und von diesen Umsätzen zahlte ich die Einkommenssteuer, noch früher als vereinbart.

So weit, so gut. Jetzt hatte ich zwar das Geld für die Einkommenssteuer genommen, aber fürs nächste Jahr fehlte sie mir wieder. Ich hätte aus steuerlichen Gründen eine GmbH gründen müssen und redete natürlich über dieses Vorhaben mit Senior, Junior und Tante. Ich traute meinen Ohren nicht, was ich da zu hören bekam. Sowohl Senior als auch Junior sagten: „Es ist gut, wenn Sie sehr viele Umsätze machen, aber wir sind auf keinen Fall einverstanden, wenn Sie eine GmbH gründen. Auch wir haben unsere Gründe. Es ist so, dass Sie vier Gesellschafter haben müssen, und dann hätten zu viele Leute Einsicht in Ihre Bilanz. Wir haben ja von Anfang an gesagt, wir wollen nur einen Einzelbetrieb und einen Familienbetrieb. Keine meiner Firmen ist eine GmbH und das wird auch so bleiben, dafür sorgen wir, und wenn Sie nicht bald Ihren Steuerberater wechseln, wo wir glauben, der nicht für Sie arbeitet, sondern für das Finanzamt. Es gibt eben solche und solche, Herr Malermeister, glauben Sie mir das. Wechseln Sie, aber rasch."

„Ansonsten?", fragte ich.

„Nun", so Junior, „nun, Herr Malermeister, dann müssten wir uns von Ihnen trennen und Ihre Aufträge, ich glaube, sie belaufen sich zurzeit um die 2,5 Millionen Schilling – und es werden mehr, viel mehr. Sie haben mir ja noch Offerten um 1,20 Millionen Schilling gestellt, die ich Ihnen heute in Auftrag geben möchte, Herr Malermeister. Ich habe Ihnen gesagt, wir machen das schon. Ich halte mein Wort, jetzt müssen auch Sie Ihr Wort halten."

Scheiße, wo war ich da reingeraten? Was sollte ich tun? Ich konnte mit niemandem über diese Sache sprechen. Sollte ich zur Innung gehen, sollte ich einen Anwalt kontaktieren, sollte ich mit meinem Steuerberater darüber sprechen? Nein, das ging nicht. Ich musste weitermachen, einfach weitermachen. Sonst war ich früher weg, als mir mein Steuerberater vorhergesagt hatte.

„Also, wie entscheiden Sie sich nun?"

Ich sagte: „Ja, ich mache weiter als Einzelbetrieb."

Was hatte ich für eine andere Wahl? Ich hatte gerade Haus gebaut, die Rate wurde vom Gehalt meiner Frau bezahlt, ich hatte schon 20 Mitarbeiter, einen Werkmeister, nun ein Geschäftslokal, eine Werkstatt, 3 Autos, die den ganzen Tag von Baustelle zu Baustelle unterwegs waren – was sollte ich machen?

Für mich war damals klar: weitermachen. Der Keller war fertig und mein Haus war bei Elk bestellt und zur Hälfte bezahlt. Ja, ich hätte auch den Betrieb so schnell wie möglich schließen müssen. Doch ich war 33 Jahre alt und fast 4 Jahre selbstständig. Es ging nicht, ich musste weitermachen. Es würde sicher gut gehen, das waren nur die Anfangsschwierigkeiten, die jeder Neueinsteiger hatte. Andere machten es ja auch, und Senior und Junior hatten mir versprochen, mir zu helfen, wenn ich Probleme hätte. Sie hatten mir beim Vorstellungsgespräch versprochen, mir die Aufträge so zu geben, dass ich von der ausgemachten Summe bis zum Ende des Jahres einen Teil so bekam, dass mein Konto wieder gedeckt war. Über den Rest der Summe sollte eine Rechnung gestellt werden.

Aber dem war nicht so. Ganz im Gegenteil: Ich musste noch am Jahresende Rechnungen für die Hausherren erstellen, damit sie weitere Abschreibungen tätigen konnten. Meine Einkommenssteuer stieg natürlich wieder, ich musste diese Rechnungen schließlich auch noch versteuern. Ich bekam zwar das Geld von Junior ausbezahlt, aber was half mir das? Erstens musste ich Steuern zahlen. Zweitens konnte ich diese Arbeiten meist im Sommer durchführen. Ich war ja fast der Letzte als Maler, und das war natürlich auch sehr schlecht, weil das Akonto sozusagen weg war und die Löhne zu bezahlen waren – alle Abgaben, die ich so im Monat hatte.

Über die Jahre hoffte ich immer wieder, dass es besser würde und mir Junior irgendwann die Aufträge geben würde, die ausständig waren, um meine Kosten vom Ausgemachten endlich decken zu können.

Das Jahr 1992/93 war nicht mein Jahr. Ich war im Stress, hatte kaum geschlafen und viel geraucht. Mein Arzt verordnete Tabletten gegen Herzrasen; ich stand unter Stress und mein Blutdruck war viel höher, als er mit 35 Jahren sein sollte. Aber was sollte mir passieren? Ich betrieb Sport, ich spielte damals sehr viel Tennis. Junior spielte auch und hatte gesagt, er gründe einen Verein. Wenn ich gut spielte, könnte ich beitreten. Unser Baumeister hatte einen eigenen Tennisplatz, da könnten wir ein Turnier veranstalten. „Sie werden sehen, das wird ganz toll. Alles klar, Herr Malermeister?" – „Ja, ja, alles klar, Junior."

An einem schönen Sonntag, wir wohnten ja noch in Wien in unserer Gemeindewohnung, kam der Nachbarjunge zu mir rüber und fragte: „Was ist los, Meister, Nachmittag könnten wir wieder eine Partie spielen, oder?"

Ich fühlte mich an diesem Tag eigenartig unwohl, aber ich wollte den Burschen nicht enttäuschen. Mit einem Sieg war er vorne. Wir spielten sehr gute Tennispartien, wir schenkten uns nichts. Ich war 20 Jahre älter als er, aber mein Ehrgeiz war stärker und er war eine Partie vorne. Ich wollte heute gewinnen, seine Sprüche nervten mich schon. Heute würde der Sieg mein sein.

Es kam ganz anders. Ich wärmte mich auf, wir spielten den Ball leicht hin und her und dann eben die Aufschläge. Plötzlich wurde mir übel. Ich konnte die Hand nicht mehr heben, hatte Schmerzen in der Brust. Ich setzte mich hin und mein Nachbarjunge lachte: „Was ist los mit dir?"

„Ich kann die Hände nicht mehr heben und ich habe Schmerzen in der Brust."

Er sah, was los war, und half mir ins Auto. Wir fuhren miteinander nach Hause. Meine Frau sah mich und sagte: „Du bist so blass, was ist los? Hast du schon wieder verloren?"

Ich ging duschen. Die Schmerzen kamen und gingen. Meine Frau meinte: „Du hast dich ziemlich verrissen beim Spielen."

Ich bejahte das und ging ins Schlafzimmer, um einfach nur zu schlafen, damit die fürchterlichen Schmerzen vergingen. Doch es half nichts. Die Schmerzen wurden stärker und stärker. Ich sagte zu meiner Frau: „Bitte hol einen Arzt."

Die Rettung war binnen 3 Minuten hier. Der Arzt kam ins Schlafzimmer und sagte sofort: „HERZINFARKT."

Mit Blaulicht fuhren wir ins Wiener Wilhelminenspital. Ich hatte in der Zwischenzeit um die 6 Spritzen bekommen. Nun lag ich in einem Zimmer, an sämtlichen Geräten angeschlossen. Meine Frau sprach draußen am Gang mit dem Arzt. Ich konnte nicht schlafen und bekam Morphium wegen der Schmerzen. Der Arzt war der Meinung, ich bekäme nichts mehr mit, aber dem war nicht so. Ich hatte Angst, einzuschlafen, weil ich glaubte, ich würde nicht mehr aufwachen.

Nun das Gespräch zwischen Arzt und meiner Frau war so abgelaufen, kurz und bündig.

„Es sieht nicht gut aus. Ihr Mann hat einen Hinterwandinfarkt. Wären wir nicht so schnell gekommen, so hätte Ihr Mann leider keine Chance mehr gehabt. Beten Sie diese Nacht, und morgen Vormittag können Sie wiederkommen."

Es war schrecklich, einfach für alle. Mein Werkmeister arbeitete sehr viel, und da möchte ich mich bei dieser Gelegenheit im Zuge dieses Buches nochmals bei ihm bedanken. Leider sehen wir uns sehr selten. Jeder ist seiner Wege gegangen.

Na gut, so lag ich wie ein Wurm auf dem Bett und konnte und traute mich nicht einschlafen. Der Infarkt konnte ja wiederkommen. Es wäre nicht das erste Mal, dass ein Mann mit 35 stirbt.

Zum Glück: Ich überlebte den Infarkt, kam nach einer Woche nach Hause und war sofort wieder im Büro. Mein

Werkmeister freute sich, mich zu sehen, aber er mahnte: „Du musst auf Kur, wir wollen dich länger haben."

So war es dann auch. Ich fuhr auf Kur, 4 lange Wochen. Ich nahm auch 10 Kilo ab, bis heute sind es schon 22 Kilo weniger, und ich war wieder intakt.

Wir hatten Aufträge von Architekten, die am Ende nur Ärger und Kummer bereiteten, aber wir hatten ja noch Senior, Junior und Tante. Sie riefen sofort an, als sie hörten, dass ich vom Spital beziehungsweise von der Kur zurück war.

Wir hatten ein Treffen mit Junior, Senior und der Besitzerin des Hauses und allen Professionisten. Alle fragten mich, wie es mir gehe. Senior sagte: „Ich bin extra Ihretwegen gekommen, sonst wäre nur mein Sohn hier. Ich wollte Sie fragen, wie es Ihnen geht, und hoffe gut. Glauben Sie mir, die ganze Familie hat sich Sorgen gemacht. Wie geht es jetzt weiter?"

Ich sagte ihm, dass ich weitermachen wollte. Meine anderen Kunden würde ich davon unterrichten, dass ich nicht mehr für sie arbeiten konnte. Ich wolle die Firma auf 8 Gesellen und 4 Lehrlinge verkleinern.

Was hätte ich Senior sonst sagen sollen? Mein Kontostand war Furcht erregend. Die Aufträge hatten wir und für meine Leute war gesorgt. Ich behielt mir als Kunden nur mehr Hausverwalter und Privatkunden. Von den Architekten und Baumeister (VORSICHT VOR BAUMEISTERN!) hatten viele keine Zahlungsmoral, das könnt ihr mir glauben.

Es wurde für eine Zeit wieder besser, aber trotzdem kamen bald schwere Zeiten auf mich zu. Meine Gesundheit war nicht die beste, in späterer Folge schlaflose Nächte, und dann kamen schon die ersten Kredite. Zuerst die eine Bank, die damals sofort bejahte und meine Hausbank war, wie dann in späterer Folge die andere Bank, die mein Haus und meinen Grund finanzierte. Mein Konto, das dann ins Geschäftskonto überging wie meine Sparbücher. Die Finanzierung der zwei Grundstücke und des Hausbaus inklusive Keller geschah über meinen damaligen Versicherungsmakler, der mir auch den Baugrund vermittelte.

Die beiden Konten waren leider erschöpft. Als wir nach meiner Kur ins Haus einzogen, brauchten wir noch dies oder jenes. Aber wir brauchten keinen Luxus, und ich habe auch keine Luxusgegenstände im Haus stehen.

Ich machte ein Einweihungsfest mit allem Drumherum, und auch Senior, Junior und Tante wurden eingeladen. Junior kam nicht, er war auf Urlaub. Ich stand mit Senior am Balkon. Er fragte mich ganz verwundert, wie ich mir denn das große Haus leisten könne. Ich sagte ihm ganz klar die Wahrheit: ein Teil Kredit und ein Teil Erspartes. Er sah mich an und sagte: „Ich glaube, jetzt können Sie sich wirklich nicht mehr leisten, uns als Kunde zu verlieren."

Mir wurde schlecht, denn eigentlich hatte er recht. Aber ich dachte nicht weiter nach, was er mir da sozusagen ins Ohr geflüstert hatte. An diesem Tag betrank ich mich so, dass meine Frau sagte: „So kenne ich dich gar nicht, was ist los?"

Ich konnte ihr nicht viel sagen, sonst wäre der Tag gelaufen gewesen, obwohl ich sagen muss, dass es mir am nächsten Tag logischerweise nicht gut ging. Meine Frau löcherte mich: „Was ist los?"

Ich sagte ihr kurz und bündig, was Senior am Vortag zu mir gesagt hatte. Sie meinte: „Vielleicht war er schlecht drauf. Du weißt ja, Junior übernimmt das Geschäft. Da fühlt man sich halt ein bisschen als altes Eisen." Ihr Wort in Gottes Ohr.

Die nächsten Wochen brachten wieder ein Ereignis, das mein Leben ein wenig veränderte und eigentlich zu dieser Zeit gar nicht reinpasste. Aber man sagt ja, nach ein paar Niederlagen kommt auch wieder Aufwind. Meine Frau war wieder schwanger!

Ich musste mir eine Sekretärin suchen – keine leichte Aufgabe. Aber ich hatte Glück, ich fand eine sehr nette Frau, die jahrelang bei einem Kollegen als Sekretärin tätig gewesen war. Sie kannte sich in der Malerbranche aus, sie wusste ungefähr, wie der Hase läuft. Spätestens, als sie mir meine Kontoauszüge geöffnet auf den Schreibtisch legte, wusste sie, wie es um meine Lage bestellt war. Ich redete sie ziemlich scharf an und sagte, die Post dürfe sie nicht öffnen, sie muss mir die Post ungeöffnet auf meinen Schreibtisch legen.

Ich glaube, von diesem Zeitpunkt an wusste sie, dass meine Firma sehr große finanzielle Schwierigkeiten hatte. Sie sagte nichts, ganz im Gegenteil. Sie arbeitete sehr fleißig und war eine verlässliche Person, die meine Situation nicht ausnützte.

Ich hatte in der Zwischenzeit wieder zwei Wohnungen für Senior und Junior fertig gestellt. Nun stand wie bei allen fertig gestellten Baustellen die Übergabe meiner Arbeiten an. Wie immer kam Junior zu den zwei Arbeiten zu spät und wie üblich gab es Möbel, alte Rohre und altes PVC, das der Baumeister rausgerissen hat, um seinen Estrich verlegen zu können. All diese Dinge entsorgte ich kostenlos. In späterer Folge musste ich dann aber Rechnungen stellen, weil es zu dieser Zeit immer genauer mit dem Entsorgen wurde. Wenn sie dich beim unsachgemäßen Entsorgen von Malerkübeln oder Lackdosen erwischten, war die Strafe sehr hoch. Man musste viele Aufträge erfüllen, um sie bezahlen zu können.

Die Übergabe ging rasch vonstatten. Bei meinen Arbeiten hatte Junior nie etwas auszusetzen; sie waren wie immer mehr als zufriedenstellend.

Nach der Übergabe fuhren wir für gewöhnlich ins Büro, um abzurechnen. Glaubt mir, er ahnte schon, dass ich finanzielle Schwierigkeiten hatte. Da hatten Junior und Senior immer eine gute Taktik, wie zum Beispiel die Sätze: „Herr Malermeister, aber 3% bekommt unser Hausherr schon, wenn wir gleich miteinander abrechnen, und vielleicht schauen wir uns die Rechnungen genauer an, vielleicht geht doch noch ein Nachlass. Sie wissen ja, die zwei Objekte, die Sie gerade gemacht haben, da hat der Hausherr noch drei große Häuser in Wien und da erwarten wir noch viel mehr Arbeit. ALLES KLAR?"

Ich zersprang innerlich. Es war nicht so, dass meine Preise allzu streng kalkuliert gewesen wären. Ich hatte eben normale Preise wie viele meiner Kollegen, und wenn ich mit dem Innungsmeister oder mit vielen anderen Kollegen sprach, ich war damals und noch heute sehr bekannt in der Branche, so wussten wir, dass alle mit den Preisen so ziemlich in einer Linie lagen, also von dieser Sicht aus gesehen, hatte ich nie Preise, die unterm Keller lagen oder zu erhöht waren, wenn aber noch ein Nachlass und ein Skonto und die ausgemachten 5 % wegfielen, sah die ganze Sache anders aus

Wenn ich damals für den Bund gearbeitet hätte, was ich in späterer Folge auch getan habe, hätte ich ähnliche Preise wie bei Senior und Junior gehabt. Aber das Ausgemachte wäre weg gewesen und ich hätte in späterer Folge keine Schwierigkeiten mit Finanzamt und Krankenkasse gehabt. Meine Firma wäre normal weitergelaufen und ich wäre heute noch selbstständig. So war es eben nicht. Ich war den falschen Leuten in die Hände gefallen und so musste ich, ob ich wollte oder nicht, weitermachen. Einfach weitermachen.

Nun, im Büro angelangt gingen wir in den Büroraum des Vaters, Doppeltüren gepolstert und natürlich geschlossen, es durfte ja beim Inkasso niemand in sein Büro.

Einmal, erinnere ich mich, kam seine Sekretärin rein, ohne anzuklopfen, um ihm eine wichtige Nachricht mitzuteilen. Er brüllte – so hatte ich Junior noch nie erlebt „RAUSSS! Sie wissen, ich möchte das nicht, wenn ich mit einem Professionisten Inkasso mache, dass irgendwer ins Büro kommt!"

Sie entschuldigte sich und ging mit errötetem Gesicht raus. Es war nämlich gerade Bargeld am Tisch, und das waren so ca. 190 000,– Schilling.

Junior wollte das Geld mit den Händen abdecken, aber es gelang ihm nicht ganz. Im Gegenteil: Es fiel sehr viel Geld vom Tisch und das sah auch die Sekretärin. Ich glaube, sie dachte sich auch ihren Teil.

Um aus der peinlichen Situation rauszukommen, erzählte ich ihm voller Freude, dass ich nochmals Vater würde und wir uns schon sehr freuten und dass wir bereits eine neue Sekretärin hätten, weil meine Frau leider sehr viel liegen musste. Sie konnte damals nur für 2 bis 3 Stunden im Büro sein.

Nun, Juniors Frage war: „Können Sie sich das überhaupt leisten, eine Sekretärin? Ein Kind kostet Geld, und eine neue Sekretärin …"

Ich erklärte erstaunt (ich wusste damals nicht, dass er keine Kinder zeugen konnte, sorry): „Ja"; ich sagte also, dass ich mir zurzeit über finanzielle Sachen nicht so den Kopf zerbrach, sondern eben mein Vaterglück und natürlich der Gesundheitszustand meiner Frau wichtiger waren.

Wir rechneten also ab. Fünf Prozent Nachlass, drei Prozent Skonto und seine 5 % Ausgemachtes, wie immer unterm Tisch.

Junior hatte für meine Rechnungen eine eigene Liste, weil Wasserschadenarbeiten, die ich immer zwischendurch gemacht habe, auf das Bankkonto überwiesen wurden. Es war objektbezogen – der, der das Objekt verwaltete, bekam auch immer das Ausgemachte. Am Ende war es dann nur mehr Junior, der kassierte. In späterer Folge, als ich wieder bei ihm Inkasso machte, nahm er die falsche Liste zur Hand, nämlich die vom Tischlermeister. Der hatte auch nicht wenig bei ihm offen. Junior errötete und sagte nur: „Ja, ja, die Bürokratie ist ein Jammer. Was sagen Sie, Herr Malermeister?"

Ich sagte nichts darauf. Was auch immer ich gesagt hätte, es wäre sicher falsch gewesen. Aber ich wusste jetzt mit hundertprozentiger Sicherheit, dass ich nicht der Einzige war, der für jeden Auftrag bezahlen musste. Das beruhigte mich ein wenig, weil ich nicht der einzige Dumme war, nur habe ich mich von den anderen Professionisten ein bisschen abgesondert. Es störte mich, dass zum Beispiel der lustige Installateur, wenn wir ein Treffen mit Junior hatten, immer der Erste war, der geflissentlich das Haustor aufmachte, sodass Junior gleich ins Haus konnte. Zur Begrüßung machte er einen schönen Knicks, wie man es in der Schule lernt. Der lustige Rohrverleger hätte sogar am liebsten Juniors Schuhe geputzt. Alle merkten es, und glaubt mir, alle schmunzelten. So konnte ich einfach nicht sein. Einem Verwalter die Schuhe putzen, wenn er von jedem Einzelnen so viel Ausgemachtes bekommt? Er sollte froh sein, dass er so gute Firmen hatte, die alle gut und schnell arbeiteten. Je schneller wir alle waren, desto schneller bekam Junior sein Ausgemachtes. Es gab natürlich immer kleine Pannen auf den jeweiligen Baustellen, das ist nicht erwähnenswert, das ist einfach normal.

Ich hatte also 1993 ein turbulentes Jahr mit Höhen und Tiefen, aber auch über dieses Jahr kann ich eine Geschichte erzählen, die damals für mich unfassbar war und heute immer noch in meinem Gedächtnis ist.

Senior und Junior schickten mich zu ihrem Rechtsanwalt, der hatte Fenster zu streichen. Ich machte mir einen Termin aus, begutachtete die Außen- und Innenfenster und versprach, den Kostenvoranschlag zu faxen.

Er meinte: „Nein, bitte schicken Sie den Kostenvoranschlag gleich an Junior in die Hausverwaltung. Er weiß dann schon Bescheid. Aber nicht faxen, sondern per Post schicken, bitte nur an ihn persönlich adressiert. Danke, Herr Malermeister."

Nun, den Kostenvoranschlag schickte ich an Juniors Adresse. Nach 2 Tagen rief er mich zwecks Preisverhandlungen ins Büro. Es ginge um seinen Anwalt und das wäre sehr heikel, so Juniors Worte. Ich schlug 5 % Nachlass und 3 % Skonto vor. Er legte seine Hand auf die Stirn, zappelte mit den Füßen hin und her und sagte: „Herr Malermeister, das ist mein Anwalt, ich bitte Sie, überlegen Sie mal, MEIN ANWALT, und der ist gut! 10 % Nachlass und die 3 % Skonto sind o. k. Ja, aber nicht vergessen, das Ausgemachte ist eh klar. Alles klar, Herr Malermeister?"

Ich bejahte und ging schaudernd aus der Kanzlei, wie immer, wenn ich bei Senior oder Junior war.

Ich bekam den Auftrag und fing 2 Wochen später an. 2 Gesellen und 1 Lehrling begannen mit der Arbeit. Erst wurden die Außenfenster in Angriff genommen. Wir hängten alle Außenfenster aus und brachten sie mit unserem Lieferauto in die Werkstatt. Im Zuge der Arbeiten sahen wir, dass 6 Gläser kaputt waren. Ich sagte es sofort der blonden Sekretärin des Anwalts, die sehr sexy war und immer absichtlich den Rock in die Höhe hob, wenn ich zu ihr ins Büro kam. Sie sagte mit hoher Stimme: „Ich schreibe es für den Herrn Doktor auf, Herr Malermeister", und grinste mich verschämt an.

Nach einer Stunde telefonierte der Anwalt mit seiner Sekretärin und bat mich dann ans Telefon, um mich zu bitten, die kaputten Fenster doch zum Glaser zu bringen und einstweilen die Auftragsbestätigung zu unterzeichnen, und die Rechnung mit meiner Rechnung der Anstreicherarbeiten ihm zu geben. Das hätte er aber seiner blonden Sekretärin auch sagen können, aber sie grinste nur. Warum, wusste ich dann später; damals glaubte ich, sie hätte überhaupt nichts verstanden. Ich täuschte mich gewaltig.

Die Arbeiten gingen zügig voran, der Glaser bearbeitete die kaputten Gläser, die ich gleich gegenüber auf meinen Namen in Auftrag gab. Nach 2 Wochen waren die Außenfenster wieder eingehängt und nun kamen die Innenfenster an die Reihe. Das gleiche Spiel, auch da waren 3 Gläser kaputt. Ich sagte es der Sekretärin, die mich schon wieder anlachte und nur sagte: „Bitte gehen Sie wieder zum Glaser, danke."

2 Wochen später war dann die Arbeit fertig, für 5 Wochen war kalkuliert, das ging o. k. Ich schickte beide Rechnungen an den Anwalt, meine Anstreicherarbeiten für 45 000,– Schilling und die Glaserrechnung wie verlangt extra, 3500,–.

Die Überweisungen beider Rechnungen ließen lange auf sich warten, sehr lange. Was machen? Einen Anwalt klagen, das geht nicht, es waren zwar schon 6 Wochen vergangen, aber Prozess führen mit einem Anwalt, das war mir einfach zu viel. Also fragte ich kurz bei der Anwaltskanzlei an, was denn mit meiner Rechnung sei. Die Antwort lautete, der Herr Doktor sei nicht da. Super, anrufen sinnlos, er ließ sich verleugnen – und warum? Also schrieb ich ihm eine höfliche Zahlungserinnerung und bat ihn, die Rechnung zu überweisen. Bei 10 % Nachlass und 3 % Skonto sollte die Rechnung doch prompt überwiesen werden.

Zwei Tage rief Junior an. Er fragte, warum ich seinen Anwalt mit Rechnungen und Mahnungen konfrontierte. Ich wollte Junior erklären, dass sein Anwalt mir angeordnet hatte, die Rechnung an ihn zu senden oder persönlich vorbeizubringen. Er meinte: „Machen Sie sich einen Termin mit dem Anwalt aus und besprechen Sie die Rechnung mit ihm, da stimmt einiges nicht." Ich konnte mir nicht vorstellen, was er meinte. Die Rechnung meiner Anstreicherarbeiten entsprach meinem Kostenvoranschlag.

Eine Woche später bekam ich einen Termin. Ich wartete in der Kanzlei; die Sekretärin grinste wieder und sagte: „Leider muss Herr Doktor den Termin auf nächste Woche verschieben." Da hatte ich schon geschlagene 30 Minuten gewartet. Am liebsten hätte ich ihr das Grinsen aus dem Gesicht geschlagen. Ich war sauer, so sauer! Ich ging in meine Stammkneipe und ließ den Abend vergehen.

Endlich war der Tag gekommen. Der Anwalt meines Superjuniors gab mir einen Termin. Er hatte endlich eine freie Minute gefunden; er sei ja so im Stress in der letzten Zeit.

Ich stand voller Hoffnung mit meiner Rechnung vor dem Anwalt wie ein Schuljunge mit seinem Zeugnis vor den Eltern. Er fragte mich gleich, was das mit der Glaserrechnung solle: „Sie haben ja den Auftrag erteilt und 9 Gläser waren nicht kaputt, das ist Ihnen beim Transportieren der Fenster passiert. Haben Sie keine Versicherung?"

Ich machte ihn darauf aufmerksam, dass seine Sekretärin alles aufgeschrieben hatte. Nun, sie grinste wieder und wusste auf einmal von nichts. So ein Flittchen.

Die Anstreicherarbeiten könne er noch nicht mit mir abrechnen, weil er zuvor noch bei sich zu Hause etliche Malerarbeiten durchführen lassen wolle, und diese Arbeiten müssten wir auch auf die Kanzlei schreiben. „Sie verstehen, Herr Malermeister."

Ich verstand nicht und erklärte diesem absoluten Lackaffen: „Bevor ich diese Rechnung nicht mit Ihnen abrechnen kann, kann ich keine weiteren Arbeiten für Sie durchführen. Tut mir leid, Herr Doktor. Ich bekomme von Ihnen 45 000,– Schilling und die Glaserrechnung."

Ich war so sauer, ich hätte fast einen großen Fehler gemacht.

Er verwies mich aus seiner Kanzlei und sagte, ich solle alles Weitere mit Junior besprechen.

Nun gut, ich hatte wieder kein Geld, so bekam ich bei Junior einen Inkassotermin, wieder in der Kanzlei mit den dunklen Räumen, wo die Korruption von den Wänden triefte. Das Kreuz hing an der einen Wand und durch den Lichteinfall fiel der Schatten über den ganzen Raum. Es war irgendwie Furcht erregend. Wenn ich heute über diese Kanzlei nachdenke, schaudert mich immer noch. Ich glaube, das wird sich nicht mehr ändern.

Ich legte Junior die Rechnung vor die Nase. „Was stimmt mit der Rechnung nicht?"

Junior kontrollierte die Rechnung, war auf einmal sehr freundlich zu mir und sagte: „Die Rechnung stimmt, was hat mein Anwalt da gesprochen, ich rufe ihn gleich an."

Ich meinte: „Den erreichen Sie nicht, der ist immer unterwegs."

Kaum hatte ich ausgesprochen, so hatte Junior den Herrn Doktor an der Leitung (Zufall!?). Nach einem kurzen Gespräch unterhielten sie sich noch über seine Wohnungssanierung. Junior versicherte ihm, nur seine besten Firmen zu schicken, da gehöre natürlich der Herr Malermeister auch dazu. Ich dachte mir: „Und das AUSGEMACHTE?! NEIN DANKE."

Aber leider war es dann in späterer Folge auch so. Die Rechnung wurde endlich bezahlt, natürlich mit allen Abzügen. Das verstand sich von selbst. „Herr Malermeister, Sie werden sehen, wie viel Arbeit Sie noch von dem Anwalt bekommen."

Ja, das stimmte, einen einzigen Auftrag noch: die Anwaltswohnung. Diese Arbeit war die Hölle und das Jahr 1993 schrecklich!

Es begann das Jahr 1994, wir hatten über den Winter Aufträge, aber der Baumeister wurde mit seinen Verputzarbeiten nicht fertig, obwohl Junior noch gesagt hatte, er müsse vor Weihnachten fertig sein, zwecks Trocknung. Anscheinend wurden die Vorgaben von anderer Seite nicht ernst genommen, vielleicht zahlte er mehr Ausgemachtes – wie viel Ausgemachtes jede Firma zahlte, war sicherlich nicht gleich; ich kenne die Beträge bis heute nicht.

Nun, so gut wie meine Auftragslage seitens Junior gewesen wäre – vor Weihnachten bekam ich wieder dieses verrückte Akonto, das ich nicht wollte. Damit bezahlte ich die Jännergehälter, aber wir konnten nur geringe Arbeiten durchführen, so wie zum Beispiel für den Elektrikermeister Ötzi Tapeten abscheren, damit er die alten E-Deckeln finden und besser verputzen konnte. Solche Arbeiten verrichteten wir, aber ich konnte keine Rechnung stellen. Natürlich auch keine Akonto-Rechnung, weil ich das Akonto bereits im Dezember bekommen hatte.

Wäre es so gelaufen, wie ich kalkuliert hatte, so hätte ich laut Junior zwei Wohnungen im Jänner fertig stellen können, eben den Rest kassiert und alles normal zahlen können: Krankenkasse, Löhne, Finanzabgaben und Material.

Die andere Hausverwaltung hatte im Sommer mehr zu tun, eben Außenfenster, Balkongeländer usw. Auch da gab es schriftliche Aufträge um ca. 460 000,– Schilling – aber eben erst im Sommer. Der Beginn der Arbeiten war für Anfang Mai festgesetzt. Es durfte nicht kalt sein. Dass es sich nicht nur um Eigentümer, sondern auch um Mieter und Untermieter handelte, machte die Sache nicht einfacher. Es war schwierig, in solchen Anlagen Termine zu bekommen. Dadurch verzögerte sich die Arbeit und in weiterer Folge auch die Rechnungslegung.

Was machen? Der Baumeister war eben nicht fertig. Zu dieser Zeit begann ich, sehr aggressiv zu werden. Natürlich rief ich damals bei Junior an – natürlich ohne schlechtes Gewissen – und sagte auch dem Baumeister meine Meinung. Das war ihm egal; er war dann eine Woche später fertig und konnte kassieren, aber ich musste warten, bis alles trocken war. Der Einzige, dem ich zwecks Ausgemachtem etwas rauslocken konnte, war der Bautischler. Er erzählte mir damals, dass er eine Steuernachzahlung in der Höhe von 5 000 000,– Schilling hätte und das Geld nicht habe: „WER, GLAUBEN SIE, HAT MEIN GELD?" Bei diesen Worten lief es mir kalt über den Rücken; ich kann nicht beschreiben, wie ich mich fühlte. Er erzählte mir, dass er bei Senior und Junior einen Kredit verlangt hätte, aber sofort von beiden abgewiesen worden war. Im Gegenteil, sie verlangten von ihm, dass er diese Sache so schnell wie möglich bezahlte (warum wohl?).

Wie der Tischlermeister dann seine Einkommenssteuer bezahlt hat, weiß ich nicht. Er verlor keine Worte mehr über diese Sache, aber bei seiner Erzählung damals hatte er nasse Augen, ich glaube, vor Zorn gegenüber Junior und auf die gesamte Hausverwaltung.

Ich hatte 1994 bis März fast keine Umsätze und die Krankenkasse war schon lange fällig. Mein Steuerberater telefonierte täglich mit mir, sagte mir, wenn es so weitergehe, würde die Krankenkasse gegen mich Konkurs einreichen.

So geschah es auch. Im April 1994 war der erste Konkursantrag von der WGKK da. Ihr könnt euch sicherlich vorstellen, wie man sich fühlt – man arbeitet und arbeitet, versucht, das Beste aus seiner Firma zu machen, und dann kommt so etwas. Wäre wie vorher erwähnt alles so gelaufen, wie ich es geplant hatte, so wäre es nicht so weit gekommen. Meine Kalkulation war richtig. Aber nicht nur die eine Baustelle war nicht fertig gestellt, sondern wir konnten keine Baustelle beginnen: Der Baumeister war auf Urlaub!

Mein Steuerberater und ich gingen auf die Krankenkasse, um eine Ratenvereinbarung zu bekommen. Aber das Konkursverfahren war schon bei Gericht eingereicht worden und ich musste das erste Mal in meinem Leben zu Gericht gehen. Ich bat die Richterin um Gnade und brachte ihr eine Ratenvereinbarung von der Krankenkasse mit. Wie genau ich die Ratenvereinbarung würde einhalten können, wusste ich damals noch nicht. Hauptsache, die Katastrophe war abgewendet, so glaubte ich.

Im Mai wurde das Konkursverfahren eingestellt und ich hoffte, nie mehr mit einem Gericht zu tun haben zu müssen.

Im Juni hatten wir dann etwas mehr Umsatz, wir konnten den großen Auftrag für die korrekte Hausverwaltung beginnen. Davon bekamen wir sofort ein Akonto. 3 Wohnungen wurden auch fertig gestellt; ich kassierte ca. eine Summe von 370 000,– Schilling.

So konnte ich zwar einen großen Teil meiner Schulden bezahlen, aber eben nur einen Teil. Es blieben immer noch Rechnungen offen. Die Arbeiter bekamen ihre Löhne oft ein paar Tage später, aber die meisten sagten nichts und beruhigten mich: „WIR bekommen es schon, das wissen wir, Chef."

Löhne und Urlaubsgelder sowie Weihnachtsgelder waren immer am Konto meiner Arbeiter. Ebenso die Abfertigungen. In manchen Monaten verspäteten sich die Löhne um ein paar Tage, aber ich war und bin meinen Arbeitern bis heute nichts schuldig. Das war für mich am wichtigsten.

Ich weiß noch, wie ich selbst Arbeiter war. Ich war 6 Jahre bei einer Firma. Ich bekam nie pünktlich mein Geld und das Urlaubsgeld meistens nach dem Urlaub. Auch diese Firma hatte finanzielle Schwierigkeiten und hat sie vielleicht heute noch. Meine Prämien, die ich damals mit dem Chef ausgemacht hatte, wurden meistens nicht eingehalten.

Nun, zurück zu meinem selbstständigen Leben als Malermeister. Meine Frau war schwanger, wir erwarteten unser drittes Kind. Im Juli war es so weit und mein Sohn kam zur Welt. Das war einer meiner schönsten Tage in der Selbstständigkeit. Ich hatte wieder Glücksgefühle. Unser Haus und der Garten wurden fertig gestellt.

Aber nach einem Glücksgefühl kommt meistens wieder ein Tief. In meinem Fall kam es in Form einer Furcht erregenden Meldung meines Steuerberaters: Meine Finanzakten würden im August 1994 von Wien nach Niederösterreich verlegt. Mir wurde übel; ich wusste, in Niederösterreich konnte man mit den Herren keine Zahlungsvereinbarungen treffen wie in Wien. Die waren politisch eben anders orientiert.

In diesem Jahr bekam ich auch den ersten seelischen Knacks, ohne dass ich es wusste oder merkte. Ich trank sehr viel, ging am Abend sehr viel fort. In jeder Kneipe, die ich besuchte, zahlte ich meistens ein bis zwei Runden. Die Kneipen waren meistens in der Nähe meines Büros und vor 02.00 Uhr morgens verließ ich meine Stammkneipe nicht. Daher musste ich öfters im Büro schlafen. Ich schlief, wenn ich so nachdenke, sehr oft im Büro. Ich fuhr nicht mehr mit dem Firmenauto nach Hause. Es war mir damals einfach viel zu gefährlich, zu viel stand auf dem Spiel, Familie und Firma.

Wenn ich im Büro schlief, so konnte ich mich nicht duschen, gerade noch Zähne putzen und rasieren. Es war eine schreckliche Zeit. Die Termine sagte ich teilweise ab, ich konnte zeitweise nicht Fuß fassen in meinem Leben. Heute kommt es mir vor, als hätte ein anderer mein Leben und meine Zukunft in die falsche Richtung gelenkt. Ich selber wollte nicht dorthin, aber ich konnte damals nicht anders.

Bei einer Baubesprechung sprach mich Junior an: „Na, Herr Malermeister, heute schauen wir nicht gut aus", Wie immer beim Reden verzog er spöttisch seine Lippen. Ich dachte mir: „Red mich nicht an, du Wappler!", aber ich antwortete nur, dass ich am Vortag auf einer Hochzeit eingeladen war. Er sagte nur: „Wer heiratet an einem Montag?"

Die Termine mit Senior und Junior sagte ich nicht ab, obwohl ich in dieser Zeit sehr oft Katerstimmung hatte, aber was sollte ich machen, ich war auf jeden Auftrag angewiesen.

Das Jahr 1994 ging langsam zu Ende und wie immer hatten wir ab Anfang November den absoluten Stress. In den Wintermonaten waren der Baumeister und alle anderen Firmen am schnellsten mit ihren Arbeiten fertig, das war dann natürlich für uns der wahre Stress. Aber nicht, dass ihr glaubt, die Firmen waren so schnell, dass ich weitermachen konnte. Nein, alle hatten natürlich zu Weihnachten viele Abgaben zu entrichten. Man konnte es genau beobachten. Ab

Februar war der Baumeister wieder teilweise von der Bildfläche verschwunden und alle Firmen standen wieder still. Nun, dieser Baumeister hatte viel Arbeit bei der Gemeinde Wien, was ich natürlich gut fand. Er erzählte mir des Öfteren, dass er sein Geld alle Monate regelmäßig bekam. Er hatte ein sicheres zweites Standbein.

Im Februar 1995 tauchte der Herr Baumeister mal kurz auf der Bildfläche auf, weil er eine dringende Arbeit von mir benötigte. Er meldete sich telefonisch bei mir und fragte, ob ich nicht eine kleine Arbeit für ihn übernehmen könnte. Ich bejahte, jede Arbeit war mir recht, ohne dass Senior oder Junior die Hände im Spiel hatten. Er fragte mich, ob ich Teppiche oder PVC verlegen könne. Das war kein Problem. Er zeigte mir einen Plan, wo und wie ich die Teppiche verlegen sollte. Ich wunderte mich: in der Küche einen Teppich? Die Küche war sehr groß, mit Essplatz waren es doch 30 m². Ins Schlafzimmer sollte PVC kommen, normalerweise gehörte das Ganze umgedreht (Küche PVC, Zimmer Teppich). Nun, ich sagte dem Baumeister, der Plan wäre falsch. Er meinte: „Ja, es ist eigenartig, aber laut Plan will es der Bauherr so." Der Kostenvoranschlag betrug damals 38 000,– Schilling und erforderlich waren 20 000,– Schilling Akonto. Dieser Kostenvoranschlag kam als Fax vom Baumeister zurück, mit der Auftragserteilung. Ich wunderte mich noch, dass der Baumeister weder Nachlass noch Skonto wollte. Das Akonto war für die Materialkosten erforderlich. Teppich und PVC inklusive Leisten, Kleber und Ausgleichsmasse für den Boden, der in sehr schlechtem Zustand war. Der Baumeister sagte mir dann nach einigen Tagen telefonisch: „Bitte beginnen Sie sofort mit der Arbeit und schicken Sie mir ein Fax, wenn Sie fertig sind. Die Rechnung können Sie mir auch faxen, dann übergebe ich alle Arbeiten, die geleistet wurden, auch meine Baumeisterarbeiten, dem Bauherrn. Für den Kunden arbeite ich schon Jahre, der überweist gleich das Geld und

Sie bekommen Ihr Geld dann von mir überwiesen. Alles klar, Herr Malermeister?" (Den Spruch kannte ich doch von wo!)

Er klang am Telefon nervös gereizt. Er sagte nur immer wieder: „Bitte fangen Sie sofort an, die Arbeiten müssen in 3 Tagen fertig sein, der Mieter möchte schon in die Wohnung."

Von Akonto kein Wort. Ich hoffte halt, er würde es trotzdem überweisen.

Ich bestellte das Material noch am gleichen Tag telefonisch, und da kam auch schon die erste Horrormeldung vom Vertreter der Teppichfirma: „Ich habe vergessen, Ihnen zu sagen, dass der Teppich, den Sie für den Baumeister ausgesucht haben, von Kärnten bestellt werden muss. Das dauert so zirka 2 Wochen, wenn alles gut geht."

Mir wurde übel, als er noch sagte, der Teppich müsse gleich bezahlt werden. Bei bestellter Ware ist das so in unserer Firma üblich, was ich heute auch verstehe. Nun, was sollte ich jetzt machen? Meine Frau rief sofort den Baumeister an und wollte ihm erklären, dass es Probleme gab, aber wie üblich war er nicht erreichbar. Es war ja Februar.

Wir bestellten dann per Fax das restliche Material, damit wir mit den Vorarbeiten beginnen konnten. Aber der Teppich war ein Problem. Wir telefonierten nochmals mit dem Vertreter und fragten ihn, ob es möglich sei, den Teppich per Zugpost zu erhalten. Er bejahte und sagte aber gleich: „Die Kosten müssen Sie übernehmen."

Sage und schreibe 16 500,– Schilling inklusive Teppich. Der Vertreter fügte hinzu: „Wenn Sie die Ware jetzt bestellen, dann komme ich zu Ihnen den Teppich kassieren, die anderen Kosten für die Zugpost zahlen Sie direkt am Bahnhof."

Ich hatte damals noch ein Guthaben von 27 000,– Schilling auf der Bank (vom Überziehungsrahmen meines Geschäftskontos), und die brauchte ich jetzt für diese Arbeit.

Wir bestellten die Ware, der Vertreter war binnen 20 Minuten bei mir, ich bezahlte Teppich und Leisten bar und er bestellte sofort telefonisch das Material. Nach vielem Hin und Her bei der Zugpost wurde uns versprochen, binnen 2 Tagen wäre die Ware am Südbahnhof abzuholen. Den Teppich aber mussten wir selber holen, weil sie keinen Mitarbeiter hatten, der Freitagnachmittag arbeitete. Laut Teppichvertreter. Die Post würde zwar auch liefern, aber das brauche ca. 1 Woche, und das ging sich für uns nicht aus.

Nun, uns wurde versichert, dass die Ware am Freitagnachmittag um 17.00 Uhr abzuholen wäre. Das ging sich alles zeitgemäß aus. Wir bestätigten die Abholung der Ware unsererseits.

Wir fingen pünktlich am Donnerstag mit den Vorarbeiten an und wie vereinbart holten wir am Freitagnachmittag den Teppich vom Südbahnhof ab. Die Arbeit kalkulierte ich mit 4 Tagen inklusive Spachtelarbeiten, die auf beiden Böden notwendig waren. Ich dachte mir: „Montagabend ist die Arbeit fertig und Dienstagnachmittag übergebe ich die Arbeiten dem Baumeister und Bauherrn. Spätestens 1 Woche darauf habe ich das Geld auf meinem Konto."

Freitagnachmittag schickte ich einen Arbeiter mit dem Auto zum Südbahnhof, ich und noch ein Mitarbeiter wir arbeiteten bis 20.00 Uhr auf der Baustelle.

Ich fuhr nach der Baustelle noch in die Werkstatt, um einige Sachen für die Teppichverlegung am Montag herzurichten, und ging dann hundemüde nach Hause.

Am Montag fuhr ich schon früher auf die Baustelle, um noch kleinere Arbeiten durchzuführen. Pünktlich um 07.00 Uhr früh kamen meine 2 Mitarbeiter. Sie schauten mich an und sagten leise: „Chef, nicht durchdrehen", und der eine Mitarbeiter, der Freitag am Südbahnhof war, erklärte: „Der Teppich kommt erst am Mittwoch, es ging sich doch nicht aus. Ich wollte Sie am Freitagabend nicht mehr anrufen, sonst wäre Ihr Wochenende im Arsch gewesen."

Wofür, fragte ich mich, wofür nur der Stress? Ich sagte nichts mehr, wir hatten ja jetzt keine andere Arbeit, auf die wir ausweichen könnten, weil die Baufirma auf den Baustellen, die wir von Junior und Senior hatten, keinerlei Arbeiten durchführte.

Wir nahmen unsere Sachen und räumten die Baustelle zusammen. In der Zwischenzeit rief ich meine Frau an. Sie sagte nur: „Bitte bleib ruhig, es wird schon, keine Sorge."

Sie ist bis heute noch der Meilenstein meines Lebens.

Dann gingen wir Darts spielen in unsere Kneipe. Ich glaube, es war 04.00 Uhr früh, als ich nach Hause kam und etliche Bierchen in mir hatte.

Dienstag früh mit Katerstimmung aufgestanden, verärgert vom Vortag, kam ein Anruf von der Post: Wir könnten den Teppich holen. Ich ging nach meiner Morgentoilette in die Werkstatt zu meinen Mitarbeitern und wir fuhren zum Südbahnhof, den Teppich holen, dann gleich auf die Baustelle. Wir verlegten ihn noch am selben Tag, es wurde 21.00 Uhr. Obwohl wir uns um einen Tag verspätet hatten, waren weder der Baumeister noch Bauherr zu sehen, obwohl für Dienstag eine Übergabe ausgemacht war und ich mich schon auf eine Ausrede vorbereitet hatte. Keiner kam.

Ich und meine Frau versuchten eine Woche lang vergeblich, den Baumeister zu erreichen. Ich dachte mir, das gibt's ja nicht, der arbeitet genauso für Senior und Junior wie ich, und der ist nicht erreichbar! Was wäre, wenn Junior am Telefon wäre? Was machen? Nun, ich ging zum Anwalt und ließ mich beraten. Die Stunde kostete 1000,– Schilling. Der Anwalt schrieb dem Baumeister einen Brief und nach ein paar Tagen rief dieser mich dann endlich an. Er schrie ins Telefon und fragte, warum ich zu einem Anwalt ginge. Er wusste noch nicht, dass ich Junior auch angerufen und ihn gefragt hatte, ob er wisse, was mit dem Baumeister los sei.

Der Baumeister verkündete: „Die Arbeit können Sie vergessen, die bezahle ich nicht. Sie haben den Teppich in die Küche gelegt und das PVC ins Zimmer, das ist doch idiotisch von Ihnen!"

Ich fing an, nervös zu werden. Was warf er mir da vor? Wütend riet ich ihm, sich den Plan einmal anzuschauen und mir dann zu sagen, wer der Idiot war. Er knallte den Hörer hin und überwies nach 3 Wochen 20 000,– Schilling. Das war nicht alles, es fehlten noch 18 000,– Schilling.

Ich traf ihn eine Woche später mit Senior und Junior auf einer Baubesprechung, und er wurde rot im Gesicht und sagte leise (BALD WIRD'S ERNST MIT DEM RESTGELD – es fehlten ja noch die 18 000,– Schilling), bisschen Geduld. Nun, ich warte heute noch. So viel zum Thema Baumeister.

So begann das Jahr 1995, und was soll ich sagen – wir hatten große Schwierigkeiten mit dem Finanzamt in Niederösterreich, die Einkommensteuer war fällig und wir konnten keine Ratenvereinbarung erzielen. Ein Spruch des netten Beamten ist mir immer noch im Ohr: „MÖTS KONKURS AU, MIR IS DES WURSCHT."

Aber eine Ratenvereinbarung, sagte er, sei unmöglich, wo gäbe es denn so was? Ich sagte: „In Wien." Er lachte und meinte: „Sie haben ein Monat Zeit, sonst wird der Konkursantrag gestellt. Ich hoffe, Sie verstehen mich."

Ich stellte trotzdem einen Antrag auf eine Ratenvereinbarung und versprach, bis Ende dieses Jahres, aber spätestens Anfang nächsten Jahres alles zu bezahlen und natürlich die monatlichen Zahlungen, die sowieso immer fällig waren, pünktlichst zu hinterlegen.

Meine Frau fand, es wäre am besten, den zweiten Grund zu verkaufen, der zwar noch nicht aufgeschlossen war, und auch das Grundstück, das meine zweite Bank finanziert hatte. So mussten wir mit der Bank reden, ob wir überhaupt verkaufen durften.

Meine Frau vereinbarte einen persönlichen Termin mit dem Vorstandsdirektor. Dieser Mann, muss ich sagen, war sehr kooperativ. Er verstand unsere Lage voll und ganz und versprach meiner Frau per Handschlag, dass wir den zweiten Grund verkaufen könnten.

Wir gaben sofort einem Immobilienmakler den Auftrag, das Grundstück schnell mit extra Prämie zu verkaufen, Preis 1 Million Schilling. Wir hatten gehofft, das Grundstück so schnell wie möglich zu verkaufen, um die Finanzschulden in St. Pölten endlich bezahlen und wieder in Ruhe schlafen zu können. Aber wie immer kam es anders. Der Immobilienmakler war nicht der richtige. Zwei Interessenten begutachteten das Grundstück und fuhren wieder.

Eines Tages, es war ein Sonntag, ich lag im Bett und hatte Fieber und mir ging es einfach nicht gut, hörte ich ein leises Klopfen. Ich reagierte nicht darauf, da ich glaubte, meine Töchter spielten. Aber meine Frau war mit den Kindern Rad fahren und dennoch hörte ich jemanden sprechen. Wegen des hohen Fiebers registrierte ich die Hälfte gar nicht.

Was da wirklich vor sich gegangen war, erfuhr ich erst nach einiger Zeit. Eine Frau aus unserer Gemeinde, die das Grundstück gerne für ihre Enkelin gehabt hätte, stand vor der Tür – aber mein damaliger Nachbar redete ihr das Grundstück aus; er wollte einfach keinen neuen Nachbarn.

Da war der Ofen aus bei mir. Ich beschimpfte ihn auf das Ordinärste und ließ ihm einen Brief von meinem Anwalt schicken. Später zog dieser Nachbar mit seiner Frau nach Wien. Mit dem Grundstücksverkauf ging nichts voran. Die Leute hatten weniger Geld, wirtschaftlich wurde es immer schlechter. Schwere Zeiten zeichneten sich ab. Immer wieder sagte ich zu meinen Mitarbeitern: „Meine Herren, die Zeiten werden schlechter. Die Arbeitslosigkeit steigt."

Aber ich glaube, zur damaligen Zeit haben meine Mitarbeiter die Warnung nicht ernst genommen. Wie auch, sie wussten nichts von der ständigen Katastrophe mit Senior und Junior. Sie hatten ja Arbeit genug, seit Jahren. Von höherer Arbeitslosigkeit und Sonstigem wollten sie einfach nichts wissen.

Zurück zu meiner Person. Mir ging es sozusagen beschissen. Wie sollte es weitergehen? Ich musste unter allen Umständen den Grund verkaufen. Was sollte ich jetzt machen, mit dem Grundstücksverkauf ging immer noch nichts voran.

Es war Jänner 1996, ich ging zu meiner Bank, die mir mein Haus finanziert hatte, und bat um eine Aufstockung des Kredites. Aufträge konnte ich vorweisen, die Umsätze waren so weit in Ordnung, die Bilanzen stimmten. „Aber wo ist das Geld?", so der Bankbeamte (AUCH das fragte mein Steuerberater immer wieder).

Ich sagte: „Ja, das Haus … Es kostet sehr viel, die Einrichtung usw."

Er meinte: „Ihre Privatentnahmen sind ja enorm hoch, Herr Malermeister."

Was sollte ich darauf sagen? Ich zahlte ja schon jahrelang das Ausgemachte nicht aus Schwarzgeld, ich hatte keines. Ich hatte fast keine Zeit mehr für Privatkunden, ich war im Einsatz bei Junior und Senior und Tante, ich konnte fast gar nicht mehr für andere Kunden arbeiten, weil es nach jeder Übergabe Bargeld im Büro gab. Damals war mir sehr wichtig, fast alle 14 Tage bei Junior Inkasso zu machen, damit ich meine Zahlungen und Vereinbarungen einhalten konnte.

Die Bank erklärte mir: „Sie brauchen eine Sicherstellung." Der berühmte Spruch. Der Bankangestellte fragte mich, ob ich irgendwo ein Sparbuch hätte. „Wenn ich ein Sparbuch hätte, lieber Herr, dann würde ich nicht zu Ihnen kommen."

Aber wir erklärten, dass wir den Grund verkaufen wollten und der Herr Direktor Bescheid wisse. Er solle uns einstweilen den Kredit aufstocken, ungefähr die Summe vom Grundverkauf. Damit könnten wir unsere Schulden bezahlen und meine Firma wäre wieder schuldenfrei.

„Nein, also von dieser Sache weiß ich nichts."

Meine Frau versicherte ihm: „Wir haben es Anfang Februar 1995 mit Handschlag besiegelt."

„JA, das kann ein jeder sagen. Der Herr Direktor ist jetzt 4 Wochen auf Urlaub. Außerdem glaube ich nicht, dass wir den Grund vom Grundbuch freigeben."

Meine Frau zersprang fast vor Wut. Ich musste mich beruhigen. Wir hatten ja noch keinen Käufer und solange brauchte ich nun mal eine Aufstockung meines Kredites.

„Unmöglich, Herr Malermeister, das geht nicht."

Aber ich brauchte das Geld wie einen Bissen Brot, sonst würde alles den Bach runtergehen. Dieser alte Knacker, kurz vor der Pensionierung, lehnte sich mit dem Rücken zurück in seinen ledernen Sessel und sagte: „JA, ich habe es Ihnen gesagt, die Privatausgaben sind viel zu hoch."

Es war eine zermürbende Sache für mich. Der Bankbeamte hatte keine Ahnung von der Baubranche, keine Ahnung vom Selbstständigsein. Also was machen?

Ich habe dann dem Beamten vorgeschlagen, er solle einen Gutachter von der Bank in mein Haus kommen lassen, um es zu schätzen. Wenn alles zufriedenstellend war, würde es keinen Grund geben, eine Kreditaufstockung nicht zu genehmigen.

Das geschah auch. Es kam ein Gutachter, ein Bankangestellter, der nur super Sprüche auf Lager hatte: „So ein großes Haus hätte ich auch gern, da ist es kein Wunder, wenn Sie kein Geld haben."

Was sollte ich ihm sagen? Dass ich für den Hausbau keine Firmengelder gebraucht hatte? Dass es nur eine kleine

Summe war, nicht der Rede wert, und dass das Geld, das fehlte, in Juniors und Seniors Hosentasche gelandet war? Dass das um die 2,5 Millionen Schilling waren? Das konnte ich nicht, also ich musste mich dumm stellen.

Der Gutachter war, das erkannte ich erst in späterer Folge, zum Glück auf meiner Seite und sagte, das Haus wäre so ca. 4,5 Millionen Schilling wert. Ich bekam die Umschuldung, ich musste die Lebensversicherungen auch noch auflösen, die Bank ging mit einer höheren Summe ins Grundbuch, und ich konnte mit viel Bauchweh die Krankenkasse, die ja auch schon wieder überfällig war, und das Finanzamt in Niederösterreich bezahlen.

Es kam das Jahr 1996. Die Aufträge waren vorhanden, aber ich musste trotzdem viele Mitarbeiter kündigen. So auch meinen Werkmeister, war mir sehr leidtat. Zwischen uns hatte sich eine sehr gute Freundschaft entwickelt. Auch privat hatten wir durch den damaligen Fußballverein, wo ich sozusagen Sponsor war und dem Verein ein bisschen Geld zukommen ließ, miteinander zu tun. Da ich in meiner Freizeit auch noch Jugendtrainer war, sahen wir uns täglich und sprachen auch sehr viel miteinander. Es war keiner auf den anderen böse. Er verstand mich, aber er wusste nichts von dem Ausgemachten mit Junior und weiß bis heute nicht, in welcher Situation ich war. Ich konnte nicht so einfach verlautbaren, wie es mir wirklich ging.

Ich zog mein Arbeitsgewand wieder an und arbeitete ab diesem Zeitpunkt selbst wieder mit.

Auch sah ich mich gezwungen, noch 2 Stammleute zu kündigen. Sie wollten einfach nicht mehr. Sie hatten gesehen, dass die Firma wieder schrumpfte, und sie gingen in Krankenstand. Wenn sie arbeiteten, dann sehr langsam. Teilweise hielten sie die Arbeitszeit nicht ein. Wenn ich gerade Termine mit Junior hatte, so waren die vier Stammleute sogleich von ihrem Arbeitsplatz verschwunden. Diese vier Mitarbeiter verdienten am meisten und sprangen als Erste ab. Zu manchen Arbeitern hatte ich zu großes Vertrauen, und das nützten die vier langjährigen Mitarbeiter aus. Ich zahlte ihnen alles; für mich war die Sache erledigt.

Ab März 1996 war die Auftragslage nicht erwähnenswert. Ich hatte so weit keine Schulden, aber wenn nicht bald etwas geschah, würde ich Pleite gehen. Ich hatte meine Geldreserven für die Kündigungen gebraucht. Es war eine Summe von ca. 300 000,- Schilling inklusive Abfertigungen – nicht wenig! Ich hatte zwar Aufträge von Junior einbekommen, aber das hieß dann ca. 2–3 Monate nach Auftragsvergabe beginnen, was mit dem Baumeister und Ötzi, der einfach nicht weiter, nicht immer einfach war. So hielt ich mich über Wasser – auf der einen Bank das Konto, da konnte ich meinen Kreditrahmen um 350 000,- Schilling überziehen, und der war schon ziemlich überzogen. Auf der anderen Bank hatte ich die Aufstockung. Also jeden Tag anrufen und der Bank die berühmte Frage stellen: „IST EIN EINGANG AUF MEINEM KONTO?" Wenn dem so war, lief ich sogleich zur Bank, um die wichtigsten Einzahlungen zu tätigen.

Es war Ende April, als der nächste Einkommensteuerbescheid kam. Mich traf fast der Schlag: 450 000,- Schilling, ich hatte das Konto maximal überzogen und bekam meine Einkommensteuer von meinem Steuerberater auf den Tisch geknallt. Bei der Besprechung mit meinem Steuerberater wurde mir hundeübel. Er sagte, fast schrie er: „Wo ist das Geld? Wenn ich mir Ihren Kontostand anschaue, stimmt was nicht. Sind Sie ein Spieler, oder was machen Sie, Herr Malermeister? Sie müssen endlich Ihre Privatausgaben reduzieren. das ist einfach zu viel, das können Sie sich nicht leisten, Herr Malermeister. Lassen Sie sich etwas einfallen, sonst kommt der zweite Konkursantrag."

Nun, ich kannte mich aus. 2,5 Millionen Schilling für Senior und Junior, und jetzt kamen natürlich die Nachwehen.

In dieser Zeit waren meine Existenzängste schon sehr groß, es klopfte der Postmann an der Türe und ich glaubte, schon wieder Konkursantrag oder Ähnliches.

Mein Steuerberater, der mich täglich anrief und mir Tipps gab, was ich machen sollte, der meine Bankwege mit mir erledigte, erhöhte seine Rechnungen, und das ist nicht übertrieben, von heute auf morgen um 100%. Einfach so. Ich sprach mit meinem Steuerberater sehr oft über seine erhöhten Honorarnoten, aber er sagte: „Herr Malermeister, das können Sie ja von der Einkommensteuer abschreiben, zu 100%." Er wusste ja am besten, dass meine Firma finanziell am Boden war. Ich brauche also einen Anwalt, einen guten Anwalt.

Natürlich habe ich vor meiner Klage mit ihm gesprochen. Er solle sich doch seine Honorarnoten ansehen, sie wären um 100% höher als sonst. Auch die Lohnverrechnung war um 100% gestiegen. Was sollte das? Wir hatten nur mehr 5 Mitarbeiter abzurechnen, und die Honorarnote war jetzt höher als mit 30 Mitarbeitern.

Ich glaube, damals hörte mir mein Steuerberater gar nicht mehr zu; erst viel später lernte ich, wie ein Steuerberater arbeitet. Da gibt es zwei Sorten. So wie mein Steuerberater, der im Finanzamt gelernt hatte, und in dessen Bilanzen am Ende das Finanzamt profitierte Und dann die zweite Sorte, das sind Steuerberater, welche nur für den Unternehmer arbeiten, Warum? Es ist ganz einfach. Der Steuerberater (in dem Fall unserer) möchte sich in keiner Art und Weise mit dem Finanzamt anlegen. Er hat erstens dort gelernt, und zweitens kann er, wenn er einen sehr heiklen Kunden hat, mit seinen Kollegen oder ehemaligen Kollegen am Finanzamt über diesen Klienten reden und auch besser verhandeln.

Ich bemerkte mit eiskaltem Schauer, dass ich mich schon am absteigenden Ast befand und dass dieser Ast sehr dünn war. Das erfuhr ich später durch meinen damaligen

Versicherungsberater, der mich immer als seinen „besten Freund" bezeichnete – auch so ein Schulterklopfer.

Tage nach der ganzen Scheiße, die ich erlebt hatte, telefonierte ich mit meinem angeblichen Versicherungsfreund. Ich bat ihn um Hilfe und wollte mit ihm über diese ernste Angelegenheit sprechen. Ich war damals davon überzeugt, er könne mir helfen, meinen Grund zu verkaufen. Er war ja angeblich ein Freund, aber er war nicht erreichbar. Nicht in der Firma und schon gar nicht zu Hause. Seine Frau hatte aus erster Ehe eine behinderte Tochter und man durfte nur bis 15.00 Uhr anrufen.

Klar, ich hatte ein Jahr vorher die Lebensversicherung aufgelöst, nun, da war keine Freundschaft mehr zu erwarten. Typisch: Es gibt in der Geschäftswelt keine Freunde, nun das war mir schon einiger Zeit klar.

Ich erkannte in dieser Zeit wirklich die wahren Freunde, aber der Versicherungsvertreter, den ich schon als Arbeiter gekannt und der sehr viel Geld an mir verdient hatte, war für mich nicht mehr erreichbar.

Nun, ich war noch rechtsschutzversichert und musste meinen Steuerberater klagen. Kein Geld, aber wieder zu Gericht. Die damalige Versicherung schrieb mir den Anwalt vor, und als ich diesen Mann sah, dachte ich mir: „Na hoffentlich geht das gut."

Er verstand überhaupt nichts, ich musste bei ihm alles schriftlich machen und immer wieder faxen. Er verkomplizierte die Sache, er verlängerte die Zeit um einiges. Natürlich konnte er der Versicherung für jede Stunde, die er schrieb, Honorarrechnungen stellen. In späterer Folge musste ich dann die Honorarrechnungen des Anwalts selbst bezahlen, die Versicherung weigerte sich aus unerklärlichen Gründen.

Der berühmte Satz lautete: „Gegen solche Sachen sind Sie nicht versichert, aber auf kulante Weise eventuell. Na ja, wir werden sehen."

Ich bezahlte alles. Ich wechselte auf Anraten meines Anwalts zu einer neuen Steuerberaterin. Die Frau war gut. Sie studierte die Bilanzen, und nach 2 Tagen telefonierte sie mit mir und sagte, ich müsse so schnell wie möglich in ihre Kanzlei kommen. Ich fuhr auf der Stelle los.

Die Steuerberaterin hatte sofort den Durchblick und fragte fragte mich sofort, wie viel ich bei meinen Stammkunden bezahlte. Sie meinte, jedes Prozent sei zu viel und sie habe schon einmal einen Fall wie den meinen gehabt. Es hatte sich um einen Baumeister gehandelt – Inzwischen war er in Konkurs gegangen. Natürlich, seine Schulden hatte er abbezahlt und alles sei wieder in Ordnung. Aber wieso war es so weit gekommen?

Ich fragte mich: „Wozu das Ganze?" Die Frau verstand mich und meine Bilanz. Sie riet mir, als Erstes den Steuerberater zu klagen, mit guten Argumenten: Fehler, die einem Steuerberater nicht passieren dürfen, wie zum Beispiel eine Abschreibung um 25 000,– Schilling für das Finanzamt im Jahr 1993 einfach zu vergessen. Wie vorher erwähnt, ein Steuerberater, der für das Finanzamt arbeitete.

Meine Firma hatte Honorarnoten in der Höhe von 45 000,– Schilling zu bezahlen, aber ich nahm die Hälfte. Um 100 % höhere Honorarnoten zahlte ich einfach nicht, aber dieser Steuerberater hatte mich in der Hand. Er hatte viele wichtige Belege meiner Firma in seiner Kanzlei, die er einfach nicht rausrücken wollte. Was sollte ich machen? Kein Geld, die wichtigsten Belege hatte der Steuerberater, und dadurch konnte meine neue Steuerberaterin nicht zu 100 % arbeiten.

Meine Frau und die neue Steuerberaterin arbeiteten tagelang zusammen, um eine Bilanz erstellen zu können, und es gelang ihnen mit vielen Anrufen bei Behörden, Banken, Versicherungen usw. Die neue Steuerberaterin sagte mir damals schon, dass sie im Jahr 1998 in Pension gehe, aber sie werde meine Firmenprobleme zuvor noch einwandfrei lösen. Ich müsste eben so schnell wie möglich den Grund verkaufen.

Der Tag war gekommen: Ich stand wieder vor Gericht. Diese Verhandlung mit der Honorarnote verlor ich zwar mit Abschlägen, aber ich musste trotzdem noch 35 000,– Schilling bezahlen. So ging das Spiel weiter und ich klagte den Steuerberater auf die vergessene Abschreibung von 25 000,– Schilling im Jahr 1993, und diesen Prozess gewann ich. Ich zahlte den Restbetrag an den Steuerberater, noch 10 000,– Schilling, und die Sache war gelaufen. Doch meine Geschäftsunterlagen, welche in seinem Büro waren habe ich bis heute noch nicht bekommen. Aber zum Glück brauchte ich sie nicht mehr.

Den Grund verkaufen, das war der nächste Schritt, und damit wieder mal alles bezahlen. Bald war es dann so weit: Ich verkaufte den Grund um 550 000,– Schilling und konnte alles bezahlen. Finanzamt und Krankenkasse und Bank.

Das war der nächste Schritt, aber ein Schritt nach unten. Ich hatte das Grundstück für meine Kinder aufheben wollen. Ich wurde sozusagen um ein Finanzziel ärmer.

Im Jahr 1997 kam von Finanzminister Edlinger ein Gesetz, das besagte, dass alle Hauseigentümer, die HMZ-Reserven auf ein jeweiliges Haus hatten, diese in Form von Sanierungsarbeiten aufzubrauchen hatten. Wenn nicht, so müsse der Betrag eben als Einkommensteuer bezahlt werden.

Die Aufträge kamen. Wir mussten alle sofort sehr viele Offerten schreiben. Der Baumeister rieb sich die Hände, er hatte die besten Aufträge überhaupt. Fast ein jedes Haus bekam Aufzüge, und das waren nicht wenige. Ich offerierte eine Summe von 12 000 000,– Schilling, und das war nicht alles. Es kamen noch weitere Aufträge um 2 500 000,–. Ich hatte von Mitarbeitern der Baufirma gehört; sie hatten Aufträge so um die 100 000 000,–.

Junior war freundlich, immer höflich. Er wusste schon genau, was er 1998 von jedem Einzelnen kassieren würde.

Ich hatte eine große Auftragsbesprechung, wieder in der finsteren Kanzlei. Junior thronte hinter dem Schreibtisch. Senior war nicht in der Kanzlei, die inzwischen schon Junior und seiner Schwiegertochter gehörte – die Mitzi aus Tirol (scho amoi verheirat), die, so glaube ich, gerne Kinder gehabt hätte, aber Junior … na ja, o. k.

Er kam also mit einem freundlichen Lächeln aus seinem Büro zu mir ins Vorzimmer. Ich hatte alle Offerten in der Hand. Ich schwitzte, mir ging es nicht gut. Ich hatte damals Herzrasen und Angstschweiß am ganzen Körper. Ich wusste: Es stimmt was nicht. Ich war 1997 schuldenfrei, aber mit 41 Jahren aufhören? Das konnte ich damals noch nicht. Wenn ich 50 Jahre gewesen wäre, so hätte ich damals ohne Zögern die Firma zugesperrt. Aber nicht nur das Alter, sondern auch die Liebe zu meinem Beruf und meiner Existenz – ich hatte einfach Angst um meine Frau und meine Kinder – ließen mich weitermachen.

Ich wollte mit Junior reden und ihm sagen, dass wir das mit dem Ausgemachten vergessen müssten. Ich wäre jetzt schuldenfrei, und wenn ich nichts Ausgemachtes bezahlte, dann wäre die Firma wieder für Jahre finanziell abgesichert. So wie bisher könne es einfach nicht mehr weitergehen. Junior musste es einfach einsehen, sonst ginge alles wieder den Bach runter. Die Aufträge, die wie vereinbart Hälfte so und Hälfte so, das war überhaupt noch nie der Fall. Keinen einzigen Auftrag habe ich bekommen.

Er bat mich sehr höflich, Platz zu nehmen, und sagte: „Ich muss noch zwei Telefonate führen, dann können wir beginnen."

Er telefonierte mit einem Hausherrn aus dem 3. Wiener Gemeindebezirk, den ich in späterer Folge noch intensiver kennenlernte. Auch seine Tochter rief er an. Sie hatte ein Haus von ihrem Vater geschenkt bekommen, auch im 3. Wiener Gemeindebezirk. Das Haus war nicht gerade klein, aber sie war trotzdem unglücklich oder unbefriedigt – eines von beiden. Sie war oder ist immer noch eine heimliche Weintrinkerin. Wenn ich kam, glaubte sie immer, sie müsse den Wein wegräumen. Ich roch den Alkohol bereits am Gang.

Nun, ich hörte bei diesem Gespräch mit. Ich war damals der neue Malermeister für den Hausherrn. Junior sagte nur Gutes über mich. Er sagte: „Der Malermeister ist sehr flexibel und verlässlich, ich sage Ihnen Herr X wir, und nicht nur wir, sondern alle meine Hausherren sind mit unserem Malermeister zufrieden."

Ich saß auf dem Sessel, schwitzend über diese schmeichelnden, Süßholz raspelnden Worte, mit denen er mich beschrieb, wobei er beim Reden die Lippe immer nach links zog. Ich hasste diesen Ausdruck. Ich erkannte ihn, es war der Ausdruck der Gier. Wie ein Geier, der nach seiner Beute Ausschau hält und im richtigen Moment zuschlägt. Die Beute war groß, sehr groß.

Ich schaute mich im Raum um und mir fiel erst später auf, dass das Kreuz nicht mehr an der Wand hing. Stattdessen hing hier auf einmal ein Ölgemälde, das sich Junior auf einer Ausstellung gekauft hatte. Es war ein modernes Bild von Wien. Spachteltechnik mit Ölfarben. Wenn er etwas gesagt hätte, hätte ich ein solches Bild um den halben Preis für ihn malen können. Ach ja, der Preis (günstig): 135 000,- Schilling, ohne Rahmen.

Junior witterte das große Geschäft, das Geld floss wieder für unseren Junior. Senior und Mama, die nur mehr sporadisch im Büro waren, genossen bereits ihre Pension.

Junior sagte mir ganz klar ins Gesicht: „Herr Malermeister, mit den Aufträgen, die Sie noch von mir erhalten, haben Sie noch für drei bis vier Jahre Arbeit. Aber es kostet eben mehr (im Vertrauen) für jeden."

Es wunderte mich, dass er auf einmal so offen über ein Thema sprach, über das zu sprechen eigentlich nicht seine Art war. Er sagte: „5 % von der Bruttosumme."

Ich schaute ihn an und sagte: „Das wird nicht möglich sein, da komme ich in Teufels Küche."

Er lachte und meinte: „Wieso, wir müssen uns mit den Vorjahren sowieso was einfallen lassen. Sie wissen ja, was wir ausgemacht haben."

Ah! Da konnte sich Junior auf einmal wieder erinnern, was ausgemacht war, jetzt auf einmal. Ich sagte ihm ganz klar und deutlich, dass bereits ein Betrag von 2,5 Millionen Schilling fällig war. So hätte ich mir viel Leid und Kummer erspart.

Junior sah mich an und fragte ganz erstaunt: „Was für ein Leid und Kummer?"

Ich merkte an seiner Redensart, dass er genau wusste, was ich meinte. Seine Augen wurden kleiner und er meinte ganz deutlich: „Sie haben doch in den letzten Jahren sehr gut bei mir verdient. Sie müssen das Geld zusammenhalten und dürfen nicht glauben, alles, was Sie kassieren, gehört Ihnen."

Nun, das wusste ich, das hätte er mir nicht sagen brauchen. Der rotzige Junge verarschte mich. Sein Vorschlag war folgendermaßen: Er bekomme 5 % von der Bruttosumme, und alle Arbeiten, die er mir von jetzt an in Auftrag gäbe, würden normal mit Rechnung gemacht. Am Schluss müsse eine Summe von 3 Millionen Schilling überbleiben. „Ich sage Ihnen später noch, welche Objekte ohne Rechnung durchgeführt werden. Und da gehört natürlich alles Ihnen. Überlegen Sie es sich, Herr Malermeister! Aber ich glaube, Sie machen den Deal mit mir, oder haben Sie noch einen Hausverwalter, für den Sie arbeiten?"

Ich log ihn an, ich sagte nur Nein. „So ein junger Rotzer", dachte ich mir, „so ein Arsch. 5 % von der Bruttosumme?!"

Ich meinte: „Ich überlege mir das Ganze noch. Ich muss einmal darüber schlafen."

Er sagte nur: „AKONTO ist kein Problem. Die Aufträge, die meine Kanzlei für alle Professionisten hat, sind ausreichend. Auf mich können Sie sich verlassen. Eine Arbeit im 4. Bezirk könnten Sie gleich beginnen. Soweit ich von dem Baumeister informiert wurde, hat er zwei Wohnungen im 4. Bezirk fertig gestellt. Mein Vater will sich auch ein neues Haus bauen lassen. Da brauchen wir Sie auch und da könnten wir zum Beispiel 500 000,– schwarz bezahlen. Dann stellen Sie noch eine Rechnung über das Material und die Arbeitszeit, und so haben Sie auf einen Schlag 500 000,– Schilling in der Hand."

Das wäre so weit o. k. gewesen, aber würde er sein Versprechen auch halten?

Ich fuhr nach Hause. Ich musste jetzt nachrechnen, wie viel er eigentlich bekam. Ich rechnete mir aus, wie viele Aufträge ich hatte und was für Aufträge noch auf mich zukommen würden. Meiner Rechnung zufolge knapp eine Million Schilling, das hieß, eine halbe Million Einkommensteuer, jetzt ganz grob gerechnet. Das wären nun 1,5 Millionen. Laut Junior 500 000,– im Haus seines Vaters.

Ich wusste, wenn Junior nicht sein Wort hielt, wie es ja bereits vorgekommen war, so war ich erledigt. Nicht nur ich, sondern meine ganze Familie samt Haus. Was sollte ich machen? Vertrauen war zur Problematik geworden. Man kann sagen, auf der ganzen Welt ist Vertrauen nicht mehr angesagt. Die Menschen kennen das nicht mehr, sie vertrauen keinem mehr. Die Konkursrate ist enorm gestiegen und kein Unternehmer in der Baubranche vertraut einem anderen.

Meine Kollegen telefonieren sehr viel mit mir, sie fluchen über die jetzigen Preise für Maler- und Anstreicherarbeiten. So manche Kollegen hatten einen Preis, bei dem ich mich wunderte, wie ihre Firmen durchkommen. Die Preise lagen unter dem Schnitt, z. B. 45,– Schilling für 1 m^2 Malerei.

Ich kalkulierte damals um die 95,– Schilling, und das war ein Preis, den man damals verlangen musste, um alle Kosten und Nebenkosten bezahlen zu können. Es durfte natürlich bei diesem Preis nichts schiefgehen. Wie zum Beispiel auf einer Baustelle von Junior. Wir hatten eine Wohnung mit ca. 90 m² Bodenfläche gemalt. Wir glaubten, das wäre eine schnelle Arbeit, aber dem war nicht so. Die Malerei vergilbte und wir mussten alles noch einmal mit Isolierfarbe überrollen. Das konnte man nicht vorhersehen, sonst hätte ich anders kalkuliert. Das kann jedem passieren, aber der Preis stimmte nicht mehr und genauso wenig das Ausgemachte, wenn es eine Arbeit von Junior war.

Ich studierte meine Offerte, ich überlegte die ganze Nacht, was ich tun sollte. Schließlich ging es um unsere Existenz. Sollte ich Junior nochmals vertrauen? Sollte ich wieder ins Schwitzen kommen? Existenzängste hatte ich schreckliche, damals wusste ich nicht, wie es um mich stand und wie ich weitermachen sollte. Sollte ich die Firma schließen? Nein, das ging nicht. Ich hatte ja fixe Kosten zu bezahlen und die würde ich nicht mehr bewältigen können, wenn ich die Firma schloss.

Es war eine lange Nacht. Ich lag mit offenen Augen im Bett. Ich wusste, ich musste die Entscheidung in dieser Nacht treffen, die mein Leben vielleicht zum Positiven verändern würde. Vielleicht oder hoffentlich keine Schulden und ein bisschen Geld auf der Seite. Einen Notnagel. Diese Entscheidung musste zu 100 % richtig sein, sonst war ich weg vom Fenster.

Ich stand am nächsten Tag um 05.00 Uhr früh auf, trank Kaffee und überlegte bei einer Morgenzigarette, was ich Junior wegen des Ausgemachten sagen könnte.

Mein Vorschlag wäre gewesen: Alle Arbeiten ohne Ausgemachtes, und ich male dafür Vaters Haus aus und auch Juniors, wenn er noch will. Er hatte ja schon lange geplant, zu bauen.

Ich ließ den Tag auf mich zukommen. Junior rief mich um 09.00 Uhr früh an, so früh hatte er noch nie angerufen, und bat mich, dringend die beiden Wohnungen anzufangen: „Die sind schon vermietet und wir müssten unbedingt in 6 Wochen fertig sein."

Was sollte ich machen? Gleich am Telefon mit ihm zu reden, wäre sinnlos, und Zuhörer konnte ich beim Telefonieren nicht brauchen. Schrecklich, sogar beim Telefonieren muss man in der heutigen Zeit schon Angst haben, abgehört zu werden. Die konservative Politik in Österreich nahm schon Formen an. Das spürte man deutlich. Der Mittelstand und die Armen wurden immer ärmer und die Industriellen wurden immer stärker und mächtiger.

Manche Menschen merkten nicht, was sich da im Hintergrund schon alles abspielte. Auch Junior schwärmte von unserer neuen Regierung.

Nun, wir fuhren in den 4. Wiener Gemeindebezirk und besichtigten die beiden Wohnungen. Junior hatte fast recht. Eine Wohnung war fertig, aber die andere Wohnung war vom Baumeister noch nicht mal begonnen worden. Also machten wir uns an die Arbeit, die eine Wohnung zu malen und zu streichen. In der Zwischenzeit kam der Baumeister und machte die zweite Wohnung fertig.

Der Mieter stand schon vor der Wohnungstüre. Junior drehte inzwischen im Büro kurz durch und gab jedem die Schuld – außer dem Baumeister und natürlich mir. Ich dachte mir damals: „Ein Wunder, einmal ist nicht der Malermeister schuld!"

Die neuen Mieter mussten ins Hotel ziehen. Sie kamen aus Deutschland und waren geschäftlich für 3 Jahre in Wien. Also ab ins Hotel, und Junior bezahlte.

Die Verwunderung meinerseits dauerte nicht lange. Warum hatte Junior dem Baumeister nicht seine Meinung gesagt? Der Baumeister und Senior planten schon gemeinsam das neue Haus, und da war keine Zeit für den 4. Bezirk. Dafür mussten die anderen den Kopf hinhalten, Ötzi und der lustige Rohrverleger.

Senior baute sich einstweilen ein neues Einfamilienhaus in Wien 17 und Junior hatte Tag und Nacht Arbeit. Alle, fast alle Häuser mussten bis ins Jahr 2000 saniert sein. Ich hatte einstweilen Aufträge um 12 000 000,– Schilling.

Die beiden Wohnungen waren meinerseits genau nach meiner Kalkulation in 6 Wochen fertig, und ich wollte endlich wieder Inkasso machen. Ich bekam sehr schnell einen Termin und Junior empfing mich sehr freundlich. Ich zeigte ihm die Rechnungen, sie stimmten mit dem Kostenvoranschlag überein, und ich kassierte das Geld bar.

„Aber jetzt zu den 5 % von der Bruttosumme, Herr Malermeister."

Ich bejahte und zahlte. Alles fing von vorne an: wieder hoffen, dass Junior sein Wort halten würde.

Nun, ich kassierte nicht nur die beiden Wohnungen, sondern er gab mir noch ein großes Akonto und sagte: „Dass Sie eine Zeit auskommen und mir nicht immer Akonto-Rechnungen schreiben."

Das Akonto waren 2 Millionen Schilling. Ich hatte zwei Millionen Schilling in bar erhalten! „Natürlich, Herr Malermeister, muss ich Ihnen gleich die 5 % abziehen. Sie wissen ja, wie ausgemacht."

Er zog die Summe von 120 000,– Schilling gleich ab und sagte noch: „Ich fahre auf Urlaub. Na ja, man gönnt sich ja sonst nichts. Habe ich nicht recht, Herr Malermeister?" – „Ja, ja."

Ich kam mit 1 880 000,– in bar nach Hause. Meine Frau meinte: „Zwei Wohnungen, 1 880 000,– Schilling – das ist gut."

Ich lachte damals und sagte ihr, ich hätte ein großes Akonto kassiert.

In der Zwischenzeit arbeitete der Baumeister auf Hochtouren. Er baute neue Aufzugsschächte und verputzte die Wohnungen und, nicht zu vergessen, Seniors Haus. Natürlich waren 5 Arbeiter bei Senior. Unser Ötzi machte alle Leitungen neu. Der lustige Installateur hatte so viel Arbeit, dass er Subfirmen beauftragen musste. Ich nahm wieder Leute auf.

Auf einmal ging es rund, alle waren nervös-hektisch und keiner kümmerte sich um den anderen. Zum Beispiel lackierte ich Türen, und der Bodenleger kam, ohne zu fragen, und schleifte den Boden.

Zu dieser Zeit wunderte ich mich, dass ich keinen zweiten Herzinfarkt bekam. Ich war nur mehr unterwegs, ich konnte wieder nicht mitarbeiten und ich hatte neue Mitarbeiter, die ich zu beaufsichtigen hatte.

Ich zahlte brav meine Abgaben von dem Geld, das ich verdient hatte, was leider einen bitteren Nachgeschmack hinterließ.

Das große Akonto von verschiedenen Objekten war aufgebraucht. Bis Mitte Mai 1998 hatten wir sehr viele Objekte fertig gestellt und ich machte mit Junior wieder einmal eine Übergabe aus. Arbeiten in der Höhe von 2,6 Millionen Schilling. Es war alles in Ordnung, was die Ausführung der Arbeiten betraf (Akonto hatte ich 2 Millionen Schilling). Ich bekam also noch 600 000,– Schilling. Wieder einmal im Büro angelangt, war ich guter Laune. Die Schulden waren alle vom Akonto bezahlt. Ich hatte zwar wieder kleine Rückstände, aber ich wusste ja, dass ich noch einiges ausbezahlt bekommen würde, ob bar oder per Überweisung.

Nun, alle Rechnungen waren falsch ausgestellt, die erste Rüge von Junior: „Wir müssen die Rechnungen teilen, Herr Malermeister, und zwar immer auf die Objekte aufteilen, wo das meiste Geld liegt."

Er notierte mir sämtliche Häuser, und wie ich die Rechnungen aufzuteilen hatte. Ich sollte nur dann Rechnungen schreiben, wenn wir vorher besprochen hatten, wo wir sie platzieren konnten. „O. k. Alles klar, Herr Malermeister? Und im Übrigen, Sie haben von mir Aufträge erhalten, ohne dass ich jemals ein Gegenangebot geholt habe. Ich glaube schon, dass ich einen billigeren Malermeister bekommen hätte. Also, Herr Malermeister, weil Sie ja schon so lange für uns arbeiten, so habe ich doch schon sehr viel Vertrauen zu Ihnen, und Sie ja auch zu mir, oder?"

Ich bejahte. Was sollte ich anderes sagen? Ich dachte mir, jetzt will er irgendetwas, und so war es auch.

„Herr Malermeister, jetzt rechnen wir die Restsumme aus. Die 5% von der BRUTTOSUMME … habe ich die beim ersten Akonto schon abgezogen?"

Ich bejahte und schluckte. Weil ich eben so gut drauf war, hatte ich ihn fragen wollen, ob er nicht bereit wäre, mir ein zweites Akonto zu geben, und er fragte mich nach seinen 5%.

Die Frage, ob er auf das Ausgemachte verzichten würde, wäre sinnlos. Absolut sinnlos. Ich kam wieder schön langsam in einen gewissen finanziellen Strudel. Wenn ich bei diesen enormen Aufträgen wieder das Ausgemachte bezahlte, würde es nicht mehr lang dauern, bis sich meine finanzielle Notlage wiederholte.

Aber diese Frage konnte ich nicht mehr stellen. Er sagte dann nur noch: „Heute bekommen Sie kein Geld, Sie müssen die Rechnungen umschreiben und dann bekommen Sie einen neuen Termin."

Ich verbrachte die halbe Nacht in meinem Büro. Meine Frau rief mich stündlich an. Das war nicht die einzige solche Nacht, das ging bis ins Jahr 2000.

Um 04.00 Uhr früh war ich endlich fertig mit allen Rechnungen und bat meine Frau, mir dringend einen Inkassotermin mit Junior auszumachen.

Ich weiß es noch, als wenn es gestern gewesen wäre. Es war ein Freitag und die Sekretärin sagte zu mir: „Junior ist jetzt 2 Wochen auf Urlaub."

Meine Frau erklärte ihr, dass wir Inkasso machen müssten. Wir arbeiteten fast nur mehr für Junior, daher bräuchten wir auch das Geld prompt.

Von dem Ausgemachten wusste die Sekretärin nichts. Wenn Junior nicht im Büro war, machte es entweder Senior, der ihn sowieso vertrat, wenn Junior auf Urlaub war, oder die Tante übernahm die Auszahlung.

Ich kochte vor Wut, als ich ins Büro kam und meine Frau mir sagte, es wäre die nächsten 14 Tage unmöglich, Inkasso zu machen, da Junior auf Urlaub sei. Ich rief sofort in der Kanzlei an. Ich war inzwischen mit seiner Sekretärin per Du und ich erklärte ihr, dass ich bis Mai kein Geld mehr bekommen hatte, ausgenommen für die Wasserschäden, die wir extra gemacht hatten, aber von den großen Aufträgen nur ein Akonto, und das war im Jänner.

Sie versprach, noch am selben Tag mit Senior zu reden, ob nicht er Inkasso machen könnte. Und sie hielt ihr Versprechen.

Die Löhne konnte ich bezahlen, auch die Materialkosten, das war alles erledigt. Nur eben wieder mal Finanzamt und Krankenkasse. Diese Zahlungen wären am Montag schon mehr als fällig gewesen, aber Junior war ja auf Urlaub. Ohne mir ein Wort zu sagen. Er hätte ja seinem Vater, wie es eben ausgemacht war, Bescheid sagen können. Auf die Forderung der 5 % von der Bruttosumme vergaß Junior schließlich auch nicht.

Nun die Vorgeschichte: Am Montag um 10.00 Uhr vormittags rief mich Senior am Handy an und fragte, was das solle, so einen Wirbel zu machen wegen eines Inkasso-Termins, und warum ich nicht warten könne, bis Junior komme. Er müsse EXTRA WEGEN MIR ins Büro fahren. Er fragte mich noch, ob ich finanzielle Probleme hätte: „Wie schon gesagt, Herr Malermeister, Firmen, die finanzielle Probleme haben, bekommen von uns keine Aufträge. Na gut, kommen Sie halt in einer Stunde zu mir in die Kanzlei, aber gern hab ich das nicht, das sage ich Ihnen gleich, das war das erste und das letzte Mal."

Am Weg in seine Kanzlei kochte ich vor Wut, war zornig auf mich selbst. Ich hätte mich selbst zerfleischen können. Mir wurde in diesem Augenblick klar: Die Firma gehörte nicht mehr mir, die Firma gehörte Senior und Junior. Zahlen die beiden einmal später, das heißt, nicht nach dem Schema „Arbeit fertig – sofort Inkasso", so würde meine Firma zusammenstürzen wie ein Kartenhaus. Ich war auf sie angewiesen. Das hatten sie erreichen wollen, und es war ihnen bereits gelungen.

Ich war wieder nicht der Einzige. Also in der Kanzlei angekommen war ich nicht der Einzige im Vorzimmer. Es waren noch vier meiner Mieter hier, und ich wunderte mich, warum die alle hier waren, obwohl Junior im Urlaub war.

Egal; ich wartete eine geschlagene Stunde, ich schwitzte Blut, mir war schlecht. Ich hatte Angst, kein Geld zu erhalten. Ich hatte keine Ahnung, ob Senior überhaupt wusste, wie ich die Rechnungen umgeschrieben hatte und ob er die Liste für die Kontrolle hatte.

Endlich, es war so weit. Ich musste zu Senior ins dunkle Zimmer. Die Doppeltüren, der finstere Raum, die vielen Bilder und Senior, inzwischen ziemlich ergraut, ich hatte ihn ja schon lange nicht mehr gesehen – und da saß er.

„Nehmen Sie Platz. Was wünschen Sie? Ach ja, Inkasso wollen Sie machen, aber soweit ich mich erinnern kann, haben Sie eigentlich zurzeit für mich keine Objekte gemalt. Sie arbeiten ja inzwischen für meinen Sohn. Ich habe schon lange in meinen Objekten nichts mehr durchgeführt und, Herr Malermeister, ich bin, wie schon am Telefon gesagt, in Pension. Was haben Sie für Rechnungen?"

Mir war heiß. Ich schwitzte und erklärte ihm eine halbe Stunde, worum es ging. Ich zeigte ihm die Liste. Nach langem Hin und Her sagte er: „Na gut, ich vertraue Ihnen. Ich glaube Ihnen das und ich rede heute per Telefon mit meinem Sohn, und wenn das in Ordnung geht, dann können Sie morgen in der Früh um Punkt 09.00 Uhr kommen."

Ich hätte wetten können, er wusste genau, worum es ging. Er wollte einfach nur seine Macht ausspielen und mir zeigen, wie abhängig ich von den beiden schon war. Sein Schlusswort war aber: „Ich habe da etwas gehört von 5 % Bruttosumme, stimmt das?"

Ich bejahte dies und ging voller Zorn aus seinem Büro. Die Türe kam mir ein bisschen aus, es knallte ein wenig, ich sagte nur: „Sorry."

Juniors Sekretärin fragte: „Was hast du?"

Ich sagte: „Er hat mich angemault, weil er extra meinetwegen ins Büro musste. Und Geld wieder keines."

Sie sagte mir darauf, der Senior solle nicht so tun. Er sei froh, wenn er 14 Tage wieder in seinem Büro sein dürfe. „Und das vom Inkasso, du weißt ja, da darf sich keiner einmischen."

Ich verstand natürlich ihre Lage. Hätte sie das getan, sie wäre von Junior sofort fristlos entlassen gewesen.

Am nächsten Tag war ich so frech, ohne anzurufen in Seniors Büro zu erscheinen. Er war noch alleine mit seiner Sekretärin, alles noch finster. Er begrüßte mich mit einer Freundlichkeit, die mir nicht ganz geheuer vorkam, und bat mich, mich zu setzen.

„Haben Sie jetzt die Rechnungen mit? Ich habe mit meinem Sohn gesprochen. Er war zwar nicht begeistert, aber wenn Sie unbedingt Geld brauchen..."

Wir rechneten ab. Senior rechnete am Schluss 5 % von der Bruttosumme und wollte den Scheck ausstellen, aber vom großen Akonto, das ich von Junior erhalten hatte, hatte ich schon 5 % von der Bruttosumme bezahlt.

Ich sagte ihm das, doch er reagierte gar nicht, sondern sagte nur: „Bitte machen Sie das mit meinem Sohn aus. Seien Sie froh, dass Sie heute überhaupt kassieren können."

Teil 2

Das Jahr 1998 war ein Jahr voller Stress. Diese Zeit war für mich am schlimmsten. Ich hatte fast keinen Durchblick mehr. Die Arbeiten wurden immer mehr, die Gehälter stiegen ins Uferlose, die Schwarzgelder flossen in Strömen. Je mehr Arbeit wir hatten, desto weniger verdiente ich am Schluss.

Das klingt jetzt zwar eigenartig, aber es war am Schluss so, dass ich keine Arbeiten mehr ablehnen konnte. Der Kreislauf musste weiterlaufen.

Es ist vielleicht für manche Menschen, die mein Buch lesen, absolut unverständlich, aber es war eben so. In der Situation, in der ich war, konnte es einfach nicht besser werden. Wir arbeiteten nur mehr für Junior. Ich fühlte mich schon zum Kotzen, als er immer anrief. Da gab es Situationen, da legte ich den Hörer gleich wieder auf. Es gab Stunden und nach einiger Zeit auch Tage, da konnte ich einfach nicht mit ihm sprechen. So war meine Beziehung zu Junior, die sich später in Hass umwandelte.

Es gab oft Tage, die ich mit Alkohol und blöden Gesprächen bei den Kollegen oder sonstigen Leuten in einschlägigen Beiseln verbrachte. Da merkte ich noch gar nicht, wie tief ich eigentlich gefallen bin. Ich meine nicht gesellschaftlich, sonder psychisch. Meine Art zu leben, wie ich mit meinen Mitmenschen umging – ich hatte keine Selbstsicherheit mehr, und ich machte teilweise unkontrollierte Bemerkungen manchen Menschen gegenüber.

Ich zweifelte schon an mir selbst, ich war nicht mehr der, der ich einmal gewesen war. Ich veränderte mich von Tag zu Tag. Es kamen ja noch die privaten Probleme auf mich zu.

Meine Frau hasst Alkoholdunst, was ich heute Gott sei Dank verstehen kann. Die Nächte wurden immer länger und die Tage kürzer. Sehr oft gab es Tage, die fingen bei mir so um die Mittagszeit an. Meine Frau ging immer ans Telefon und machte meine Termine erst um die Mittagszeit aus. Es waren natürlich auch Tage dabei, da erschien ich schon zeitig in der Früh für die Arbeitseinteilung im Büro. Wenn dringende Offerten für Junior fällig waren, gewöhnte ich mir an, am Samstag ins Büro zu fahren, was natürlich nicht notwendig gewesen wäre, wenn ich wochentags fit gewesen wäre. Aber ich war ja noch bei dem berühmten Fußballverein, und Samstag war immer Match. Wenn ich am Samstag gar nicht nach Hause kam und bei einem Fußballfreund übernachtete, so fuhr ich erst sonntagvormittags nach Hause.

Meine Frau war nicht sehr begeistert von mir. Das kann man sich ja wohl vorstellen. Ich fiel in ein tiefes Loch, das ich mir von Junior hatte graben lassen. In der aussichtslosen Situation, in der ich mich zu der Zeit befand, dauerte es lange, bis ich wieder so richtig erwachte. Ich führte einen aussichtslosen Kampf gegen mich selbst und andere Menschen meines Umfeldes. Jede Arbeit, die ich machen musste, fiel mir schwer. Wenn es noch so einfach war – was ich früher mit links machte, schien nahezu unmöglich. Selbst Dinge, die selbstverständlich waren.

Das Ganze wurde mir zu viel. Ich konnte nicht mehr und ich wollte nicht mehr. Mein Gefühl sagte mir, die Sache, das Ganze mit Junior und Senior, konnte so nicht mehr weitergehen. Mein Gefühl hatte recht.

Ich machte eine Offerte für die Neulinggasse (Kellertüren, Stiegenhausfenster). Wir hatten zur selben Zeit eine Wohnungssanierung im gleichen Haus. So war es selbstverständlich, dass ich den Auftrag bekommen würde, GLAUBTE ICH.

Mein damals ältester Mitarbeiter arbeitete gerade in der Wohnung, er hatte noch Fensterbretter zu streichen und kleine Ausbesserungsarbeiten vorzunehmen. Da hörte er, wie andere Kollegen die Stiegenhausfenster aushängten. Zuerst glaubte er, es wären neue Mitarbeiter meiner Firma, aber als er mit den Kollegen ins Reden kam, stellte sich heraus, dass es eine andere Malerfirma war. Er fiel aus den Socken und rief mich sofort an.

Als ich das hörte, wusste ich, dass ich handeln musste. Alle Arbeiten waren im Jahr 1999 beendet. Wir schrieben Ende 1999. Die Schulden bei Finanzamt und Krankenkasse waren sehr hoch, Arbeit war kaum vorhanden und die Konkurrenz arbeitete im gleichen Haus.

Im November 1999 arbeiteten wir in Wien 17, eine Arbeit zum Selbstkostenpreis für einen von Juniors Freunden. Das Offert war vom Jahr 1999 und wir durften die Preise dem Jahr 2000 nicht anpassen. Es lief also wieder auf eine Arbeit hinaus – es waren zwei Wohnungen –, bei der ich nichts verdiente. Die andere Malerfirma hingegen hatte, so wurde mir vom Tischlermeister erzählt, sehr viele Aufträge erhalten.

Nachdem ich erfahren hatte, wie es um mich und meine Firma stand – keine Aufträge mehr von Junior –, kam ich zu dem Entschluss, ernsthaft mit ihm zu reden, ihm reinen Wein einzuschenken und ihm zu berichten, wie es um meine Firma stand. Wir trafen uns in Wien 17. Nach der Baustellenbesichtigung gingen ich und Junior das Stiegenhaus hinunter und ich fragte ihn ziemlich streng, was es mit dem anderen Malermeister auf sich hätte und ob es stimme, dass ich keine Aufträge mehr erhielte. Daraufhin senkte er den Kopf, schenkte mir sein übliches Lächeln und sagte: „Ich weiß, Ihnen und Ihrer Firma geht es nicht gut. Mit Leuten wie Ihnen möchte ich nichts zu tun haben." Er stieg ins Auto und fuhr fort.

Nun, ich musste jetzt handeln. Meine Schulden waren Ende 1999 nach meiner Bilanz 4,5 Millionen Schilling (330 000,– Euro).

Meine Frau behielt die Nerven und sagte: „Rede mit Junior." Ich wusste, dass das nicht so einfach wäre. Ich musste mir was einfallen lassen.

Ich hatte vor langer Zeit einen Privatdetektiv kennengelernt und mit dem traf ich mich eine Woche vor Weihnachten 2000. Es war ein Freitag. Ich erzählte ihm alles von Anfang bis Ende. Er war entsetzt und sagte: „Typisch Baubranche."

Er versicherte mir, dass er sich etwas einfallen lassen würde. „Weiters wäre es am besten, er gibt dir das Geld zurück, du zahlst die Schulden und legst den Gewerbeschein zurück."

Das wäre das Einfachste, aber das würde Junior nicht machen. Ich kannte ihn sehr gut.

So verblieben wir, dass wir uns am Montag im Büro treffen würden. Ich fuhr nach Hause und meine Frau fragte mich, wo ich gewesen war. Ich erzählte ihr, dass ich mich mit einem Freund getroffen hatte.

Meine Frau meinte: „Ich habe jetzt die Summe ausgerechnet, die du Junior gegeben hast. Wie soll es anders sein, es ist genau die Summe, die wir an Schulden haben. 330 000,– Euro. Wir müssen uns mit Junior treffen und wir müssen uns im Klaren sein, dass er uns eventuell aus seiner Kanzlei wirft oder alles, was er verlangt hat, an seine Hausherren, zumindest einen Teil davon, weitergegeben haben könnte. Das Ganze ist nicht so einfach, wie dein Freund sagt. Wir können zwar beweisen, laut unserer Buchhaltung, dass wir an ihn bezahlt haben, aber Junior hat mehr Geld. Er nimmt zwei Topanwälte, die dich bei der Verhandlung, wenn es so weit kommt, in der Luft zerreißen."

Das stimmte. Den Burschen musste ich härter anpacken. Aber wie?

Der nächste Tag war ein Samstag. Es war sehr kalt, viel Schnee, Weihnachten stand vor der Tür. Ich hatte nicht viel

Geld, meine Mitarbeiter waren im Urlaub. Die Löhne und Weihnachtsgelder waren bezahlt, auch schon der Dezemberlohn. Das war mal abgesichert. Ich hatte noch 6 Mitarbeiter und es waren noch 2 Abfertigungen offen. Aber das waren nicht meine größten Sorgen; es war einfach unerträglich, das Gefühl zu haben, alles zu verlieren. Das Finanzamt, die Krankenkasse, alles war in meinem Kopf. Ich konnte keinen klaren Gedanken mehr fassen.

Ich, meine Frau und meine Kinder frühstückten gerade, als es an der Tür läutete. Es war mein Detektiv, mein langjähriger Freund. Ich wunderte mich schon etwas, wir hatten uns nach unserem Gespräch von vergangener Woche nicht mehr gesehen, aber er machte sich Sorgen. Alle anderen Freunde, die ich hatte, waren nicht mehr erreichbar. Kein Wort von denen, die mir noch Geld schuldeten.

Egal, es war halt so. Wir fingen natürlich mit dem Problem Junior an. Er schlug mir vor, mit mir zu Junior zu gehen und mit ihm klare Worte zu reden.

Der Vorschlag, mit Junior zu reden, war mir nicht gut genug. Ich musste das Ganze anders angehen. Mit ihm reden und zugleich einen Beweis haben, das wäre genial. Aber wie? Nun, ich hatte in manchen Filmen gesehen, wie Privatdetektive arbeiten. Mit versteckter Kamera an Krawatten zum Beispiel. „Das wäre doch eine Idee, oder?"

„Wenn du dich das traust, ich könnte dir alles besorgen. Lass dir mit Junior noch diese Woche einen Termin geben. Am besten wäre Mittwoch, so hätten wir noch Zeit, alles vorzubereiten. Aber eine andere Frage, traust du dich das wirklich?"

„Natürlich, es geht um unsere Existenz, da traue ich mich fast alles. O. k. Ich mache es. Geht das gut und ich habe Junior auf Bild und Ton, so schreibe ich ihm einen Brief, dass ich mein Geld zurückhaben will, und du, mein Freund, überreichst diesen Brief Donnerstag früh. Am Freitag gehe ich dann in seine Kanzlei und lege ihm die Fakten auf den Tisch. Ohne den Film, das sage ich Junior nicht, wenn er nämlich alles leugnet, dann gehe ich mit diesem Film zu einem Anwalt, was natürlich für alle nicht sehr gut wäre. Das müsste dann ein Gericht entscheiden, und das dauert. Ich habe keine Zeit, ich muss alles bis spätestens Ende Januar bezahlen. Da wäre alles vom Tisch und ich könnte die Firma normal abmelden."

Das war mein Entschluss, beinhart musste man das Ganze angehen. Was ich all die Jahre mitgemacht hatte! Mir war alles egal, ich würde das Ganze jetzt durchziehen.

Montag früh um 09.00 Uhr hatte ich einen Termin im 12. Bezirk, die Anpassung der Kamera: Ich bekam eine Krawatte, da verbarg sich die Kamera. Für den Ton bekam ich einen Tintenstift, der am oberen Ende ein Mikrofon eingebaut hatte, und das Aufnahmegerät war am Hosengürtel angebracht. Das Ganze war natürlich ziemlich heikel, weil die Höhe, wenn man vor dem anderen sitzt, sehr genau stimmen muss. Das Ganze dauerte zwei Stunden, dann war alles perfekt.

Ich fuhr nach Hause. Meine Frau sagte mir, sie hätte in der Zwischenzeit mit Junior einen Termin ausgemacht, Donnerstag um 16.00 Uhr in seiner Kanzlei. Ich war natürlich sehr nervös, aber ich sagte niemandem, wie ich mich fühlte. Ein Termin am Mittwoch wäre für Junior unmöglich, hatte er meiner Frau erklärt. Ziemlich höhnisch sprach er weiter und sagte meiner Frau, dass er Mittwoch mit allen Firmen einen Termin habe. Er müsse sich sehr viele neue Baustellen ansehen und das dauere halt.

Meine Frau fragte: „Und was ist mit uns?"

Er lachte und meinte: „Was wollt ihr noch von mir? Ich habe ja schon gemerkt, dass ihr pleite seid. Aber es gibt ja eh so viele Hausverwaltungen, ich bin ja nicht die einzige. Also sagen Sie Ihrem Mann, er soll sich am Donnerstag nicht verspäten. Ich habe nachher einen Termin mit allen Firmen. Ihren Mann brauche ich nicht. ALLES KLAR?"

Als ich das hörte, kochte ich vor Wut. Ich rief sofort im 12. Bezirk bei der Firma an, bei welcher mir die Kamera, etc. erklärt wurde, und machte einen Termin für Donnerstag um 13.00 Uhr aus. Ich war jetzt fester denn je entschlossen, das Ganze durchzuziehen. Ich würde ihn lehren, sich mit mir anzulegen. Meine Position war sehr gut, ich konnte alles buchhalterisch nachweisen, und wenn alles gut ging mit dem Film, so glaubte ich nicht, dass er einen Rückzieher machen würde. Dann müsste er mir mein Geld wieder zurückgeben. Aber ohne den Film wäre es eine halbe Sache.

Am Donnerstag, dem Tag der Entscheidung im 12. Bezirk, wurde mir die Kamera angelegt. Ich hatte mir noch einen Tag vorher eine Jacke, die mir ein bisschen zu weit war, gekauft, sodass ich das Gerät besser verstecken konnte. Das Aufnahmegerät war angebracht; wir machten noch ein paar Testaufnahmen, das Gerät war perfekt. Jetzt kam es auf mich an. Ich musste die Nerven behalten.

Als alles mit der Kamera passte, fuhr ich direkt in die Kanzlei der Haifische. Ich hatte ein paar Flaschen Wein mitgenommen als Weihnachtsgeschenk. In den Jahren zuvor hatte ich Geschenke mitgebracht, dass alle Angestellten nur so staunten. Also angekommen in der Kanzlei vorher hatte ich das Gerät im Aufzug noch eingeschalten. Ich ging in die Kanzlei, ich war sehr nervös und ich schwitzte, meine Hände waren sehr feucht. Zuerst wurde ich zu seiner Tante geführt, welche eigentlich am wenigsten von mir bekommen hat. Sie hatte vielleicht 10 Häuser zu verwalten und war eigentlich für mich ein kleiner Haifisch. Wie ich bei der alten Dame fertig war, wurde ich in die Kanzlei von Junior gebeten. Junior war anwesend, mir wäre lieber gewesen, Senior wäre auch in der Kanzlei gewesen. So hätte ich beide auf Bild und Ton. Junior schrieb gerade Aufträge und schaute mich dabei an, mit seinem Lachen, das ich schon so hasste. Wie er mit seinen Auftragsschreiben für den Baumeister fertig war, sagte er mir – das Lächeln immer noch in seiner Fratze – die Baufirma muss dieses Jahr durcharbeiten, „die können keinen Winterurlaub machen". Nun ich hörte das, schluckte, sprach weiter und fragte: „Haben Sie genug Aufträge für das nächste Jahr?" Das Lächeln wieder in der Fratze – nun ich ging auf seine Worte nicht ein und sagte zu ihm, dass es nicht so weitergehen könne. „Ich habe doch für jeden Auftrag bezahlt und jetzt haben Sie eine andere Malerfirma. Und ich habe Ihnen 4,5 Mio. Schilling (330 000,– Euro) schwarz gegeben – wofür? Etwa dafür dass Sie eine andere Malerfirma beauftragen? Mit Aufträgen, welche Sie mir einfach schuldig sind?"

Er sagte: „Wenn das mein Vater hören würde, er würde Sie hochkantig rauswerfen aus der Kanzlei, um die 5 % geht hier gar nicht. Und weiters möchte ich Ihnen sagen, Sie sind kein guter Geschäftsmann!"

Ich antwortete: „Ich bin pleite, wenn ich die Aufträge nicht erhalte."

Mir wurde beim Reden auf einmal bewusst, dass er alles zugegeben hatte, was ich eigentlich wollte. Aber ich glaube, dass er damals irgendetwas vermutet hat. Er schaute auf einmal immer auf die Krawatte. Er muss sich gedacht haben: „Der Malermeister hat nie eine Krawatte getragen – noch dazu mit einer silbernen Nadel." (Hier war ja das Mikrofon versteckt.) Ich musste jetzt das Gespräch auf schnelle Art und Weise beenden, ich hatte alles, was ich hören wollte, und sagte ihm, dass er sich das Ganze überlegen sollte und mir weitere Aufträge zukommen lassen sollte. Er bejahte und bat mich zu seiner Türe und sagte noch, „wir machen das schon". Er nahm mich zum Glück nicht ernst, sonst hätte er ganz anders reagiert. Ich verließ die Kanzlei mit schnellen Schritten und dachte mir nur eins: Schnell raus hier, ins

Auto und ganz schnell nach Hause! Und hoffte, dass die Aufnahme geglückt war.

Zu Hause angekommen, überspielte ich das Ganze auf eine Kassette und es war alles, was ich haben wollte, auf Bild und Ton. So, wie ich es mir vorgestellt hatte! Junior auf Bild und Ton! Ich schaute mir das Video mindestens zehnmal an und mein ganzer Hass gegen die Familie kam wieder hoch. Ich dachte auch wieder über das Familienfest dieses Jahres nach, als wir alle eingeladen worden waren, ins neue Haus von Senior. Es wurde gegrillt, der Alkohol floss in Strömen, Senior erhob das Glas und sagte zu uns allen: „Bitte, ich möchte eine kleine Ansprache halten." Und so fing er an, dass er meine Frau in den Mittelpunkt stellte und sagte, wie meine Frau über die Firma Bescheid wisse, ist sagenhaft, mit drei Kindern. „Egal was man fragt, die Frau weiß alles über die Firma. Wenn ich da z. B. den Tischlermeister hernehme, wenn ich da anrufe, seine Frau muss extra ihren Mann anrufen, um über die Firma Bescheid zu wissen. Dagegen die Frau des Malermeisters – die weiß über alles Bescheid, und das gefällt mir."

Ja, so war das damals. Oder als Junior vor langer Zeit zu mir sagte: „Die Qualität Ihrer Arbeiten kann sich sehen lassen." Oder: „Auf diesen Malermeister kann man sich verlassen – so eine gute Firma. Alle Aufträge, die er von uns hat, werden schnellstens erledigt, was man ja vom Baumeister nicht sagen kann." Das alles stank mir bis zum Himmel. Das Video machte mich noch aggressiver, als ich eh schon war.

Nun, ich schrieb noch am selben Abend den Brief an Junior und forderte ihn auf, sich das Ganze gut zu überlegen. Ich verlangte von ihm, mir das Geld, das er von mir schwarz erhalten hat, dieses Jahr noch zurückzugeben, damit ich alle meine Schulden bezahlen und die Firma abmelden könnte.

Am nächsten Morgen um 06.00 Uhr kam mein Freund, der Detektiv, zu mir, um diesen Brief abzuholen und Junior zu übergeben. Er sagte zu mir, dass es besser wäre, ich würde mit ihm mitfahren. Denn ich wüsste ja, wo er wohnt, und ich kannte ja sein Auto. So kam es dann, dass ich mitgefahren bin. Mein Freund wollte sich vorher aber unbedingt noch das Video anschauen, ob es sich überhaupt auszahlte, Junior den Brief zu übergeben. Ich sagte zu ihm: „Du wirst staunen, was du da alles auf dem Video sehen und hören wirst." Ich schaltete das Gerät ein und mein Freund kam aus dem Staunen nicht mehr heraus. Als das Video zu Ende war, sagte er nur: „Los, fahren wir!" Ich stieg in seinen schwarzen BMW und setzte mich auf die Rückbank – da waren die Fenster getönt, man konnte aber hinaussehen. Wir machten uns nun auf den Weg.

Er wohnte in einem wunderschönen Nobelviertel am Stadtrand von Wien. Ich sah sein Auto vor seinem Haus stehen und wir parkten uns ein paar Meter weiter vorne. So könnten wir ihn aufhalten, sollte er versuchen, wegzufahren. Und so geschah es auch. Ich sah Junior aus dem Haus kommen, er stieg in sein Auto und fuhr weg. Wir folgten ihm und schnitten ihm den Weg ab. Er wurde auf einmal kreidebleich, als mein Freund ausstieg, mit seinem langen Ledermantel schaute mein Freund aus wie ein Mafiaboss. „Ich gebe Ihnen einen Brief von meinem Freund", sagte er, „lesen Sie ihn gut durch, rufen Sie den Malermeister an, und reden Sie mit ihm." Er schaute – er war immer noch sehr blass und sagte nur, „ja, das mache ich". Mein Freund stieg wieder ins Auto und fuhr Vollgas die Sackgasse hinunter und bremste sich vor der Hauptstraße wieder ein. Er fragte mich, ob alles in Ordnung sei – ich bejahte. Aber in meinem Gehirn gingen Tausende Gedanken umher. „Ich hoffe, er bezahlt mir alles zurück. Ich hoffe, er macht keine Anzeige." Ich wusste ja nicht, wie Junior auf so eine Situation reagieren würde.

So saßen wir zu dritt – der Detektiv, meine Frau und ich – in der Küche, tranken Kaffee und warteten auf die Reaktion Juniors. Nach zwei Stunden rief er an. Meine Frau ging ans Telefon, Junior fragte, ob ich zu sprechen wäre, „leider nein", antwortete meine Frau, „er ist seit zwei Tagen in Deutschland bei einem Freund". Junior fragte, ob ich Weihnachten dort verbringen würde und ob er mich vielleicht erreichen könnte. Es wäre sehr dringend und es gehe um einen heiklen Wasserschaden bei einem Hausherrn. Meine Frau sagte: „Ich werde meinen Mann darüber informieren und Weihnachten werde ich auch in Deutschland verbringen. Ich bin gerade auf den Weg zum Bahnhof, aber mein Mann und ich kommen schon am 02.01. nach Hause und da erreichen Sie uns wieder." Meine Frau bemerkte an Juniors Stimme und Verhalten, dass er große Angst hatte. Das war natürlich gut so. Aber ich hatte in keiner Art und Weise vorgehabt, ihm den Film zu zeigen (wenn es nicht notwendig wäre!!!), geschweige denn, es ihm zu sagen. Wenn es notwendig ist, so lasse ich das auch. Das wäre dann Erpressung, das wollte ich auf keinen Fall – für Junior in den Knast zu gehen. Oder mit ihm Hand in Hand hinter Gitter – das wollte ich unbedingt vermeiden. Auf elegante Art und Weise wollte ich das Problem lösen – so wie ich es von ihm gelernt hatte und wie es sich in seiner Familie immer abspielte. „Wir sind eine gute Familie", waren immer seine Worte. Bei einer Bausprechung sagte Senior einmal: „Wir arbeiten immer mit ehrlichen Mitteln." Diese Worte sind immer noch in meinem Gehirn gespeichert. So ein alter Verbrecher, verdiente sich in den „70ern" dumm und dämlich mit den illegalen Wohn- und Mietablösen, und dann solche Worte aus seinem Mund – einfach schrecklich. Die Ganze Familie log sich selber an und machte sich selber vor, wie gut sie seien. Die Einzige, welche noch halbwegs normal war, war die Tante, die ging alle Sonntage in die Kirche und war dort sehr beliebt. Ich kannte den Pfarrer und bekam vor ein paar Jahren einen Auftrag von dieser Kirche. Die Tante verwaltete das Haus nebenan, welches der Kirche gehörte. Als Tante starb, so habe ich erfahren, erbte die Kirche das ganze Vermögen. Mir wäre ehrlich gesagt lieber gewesen, ich hätte alles geerbt.

Nun, wir verbrachten die Weihnachten zu Hause in Niederösterreich, in unserem Haus. Meine Frau und ich waren voller Zuversicht und mit uns selbst zufrieden. Ich hatte alles getan, was in meiner Macht stand. Jetzt müssten nur noch Senior und Junior mitspielen. Es kam so, wie es sein sollte – der 02. Jänner. Junior rief um 09.00 Uhr in der Früh an und sprach mit meiner Frau. Er sagte, er würde uns bitten, morgen nachmittags in sein Büro zu kommen, meine Frau bejahte. Es war so weit.

Wir kamen so um 15.00 Uhr in die Kanzlei der Haifische. Junior saß in seinem hohen Schreibtischsessel, Senior daneben, beide waren kreidebleich im Gesicht. Ich muss aber zugeben, meine Frau war es auch. Ich wunderte mich über mich selbst – ich war die Ruhe in Person. Senior fing mit dem Gespräch an, dass er extra seinen Skiurlaub wegen uns abbrechen hatte müssen. Er tat mir leid! Er fragte meine Frau: „Na, was haben wir denn an Schulden? Sie machen ja die Buchhaltung."

Meine Frau sagte ihm ganz klar ins Gesicht: (4,5 Mio. Schilling) „330 000,– Euro."

„Und was habt ihr uns gegeben?"

Meine Frau sagte: „330 000,– Euro, genau die Summe, die wir an Schulden haben."

Senior schluckte, er wusste momentan nicht, was er sagen sollte. Da hakte Junior in das Gespräch ein: „Was stellen Sie sich vor, wie wir das lösen können?"

Ich sagte Junior ganz klar ins Gesicht: „Ganz einfach, Sie zahlen alles und die Sache ist vom Tisch."

„Das kann doch nicht Ihr Ernst sein", lachte Junior, „warum ich?"

Ich sah ihn an. „Wenn Sie mir mein Geld nicht zurückgeben, sodass ich meine Firma normal schließen kann, müssen wir Konkurs einreichen. Wollen Sie das?"

„In meiner Buchhaltung", sagte meine Frau, „sehen Sie die Privatausgänge, und wenn Sie die zusammenrechnen, so kommen wir fast genau auf die Summe. Wir haben uns privat sehr zurückgehalten, obwohl wir das Haus gebaut haben. Diesen Kredit zahlen wir nicht von Ihren Aufträgen, das wird von den Aufträgen der Privatkunden bezahlt. Sie glauben doch wohl nicht im Ernst, dass das Haus, das wir uns gebaut haben, schuld daran ist, dass wir pleite sind?"

„Na, dann verkaufen Sie doch das Haus", so Juniors Antwort, „ich zahle nichts, ich bin nicht schuld an Ihrem Konkurs. Ich habe Ihnen vor ein paar Tagen gesagt, Sie sind kein guter Geschäftsmann."

„Jetzt reicht's!" Meine Stimme wurde lauter, ich war so sauer, ich schrie ihn an. „Wenn Sie das in Italien machen, sind Sie ein toter Mann. Nur kassieren und immer mehr, und dann einfach abspringen und einen anderen Malermeister nehmen, weil Sie und Ihr Vater gemerkt haben, dass Sie – und ich wiederhole mich – Sie beide gemerkt haben, dass Sie den Bogen bei meiner Firma überspannt haben. So einfach, meine Herren, ist das nicht. Sie haben die Rechnung ohne den Wirt gemacht. Und noch etwas, wenn Sie mir und meiner Familie nicht helfen bzw. alle Schulden bezahlen, bin ich am Montag, den 10. Januar, bei einem Anwalt. Weiters werde ich mit dem Anwalt zur Mietervereinigung gehen, und dann werden wir weitersehen. So können wir das Ganze auch machen. Wäre Ihnen das lieber?"

Junior sagte nichts mehr. Er hatte Angst.

„Jetzt habe ich dich", dachte ich mir.

„Lassen Sie mir Zeit, ich werde mit der ganzen Familie reden", so Senior. „Machen Sie Ihre Arbeiten noch fertig, die Sie von uns haben."

„Was für Arbeiten? Ich bekomme keine Aufträge mehr von Ihrer Seite. Ich lebe zurzeit von meinen Privatkunden."

Senior fragte: „Sie haben keine Aufträge von uns? Wer macht dann die ganzen Malerarbeiten?"

„Das müssen Sie Ihren Sohn fragen", sagte meine Frau.

Senior wusste nicht, dass Junior eine andere Firma mit den Malerarbeiten beauftragt hatte. Junior wurde rot im Gesicht und meinte: „Ihre Firma wird immer teurer. Ihre Preise haben sich in letzter Zeit sehr verändert, Sie sind einfach zu teuer."

Das stimmte natürlich nicht.

Senior sagte: „Ich rufe Sie nächste Woche an, dann werden wir weitersehen. Wir müssen jetzt alle vernünftig bleiben. Wir melden uns."

Meine Frau und ich sahen uns an. Eigentlich wussten wir so viel wie vorher.

Wir fuhren nach Hause, und bei der Fahrt über die Autobahn redeten wir darüber, was wäre, wenn Junior nicht bezahlte. Von dem Film wussten er und Senior nichts.

Meine Frau sagte zu mir: „Denk doch einmal nach. Warum sollte er nicht bezahlen? Er hat die höhere Ausbildung, er ist Magister und hat auf der WU studiert. Wenn du mit ihm vor Gericht gehst, ist der Richter auf Deiner Seite. Du bist sozusagen der Schwächere. So weit werden diese Haie es nicht kommen lassen. Sie sind jetzt zu Hause. Die ganze Familie sitzt jetzt in ihrem Haifischbecken und diskutiert, was sie machen sollen. Ich glaube, dass Seniors Frau allen Haifischen sagen wird, dass es das Beste ist, zu bezahlen und nachher alles zu vergessen."

„Dein Wort in Gottes Ohr. Das wäre natürlich das Beste, alle Schulden bezahlen, er braucht uns kein Geld in die Hand zu geben."

Aber ich traute der ganzen Sache nicht; es war zu einfach. „Ich glaube", sagte ich zu meiner Frau, „ich gehe noch zu einem Anwalt und rede mit ihm. Ich kenne einen, der verlangt beim Erstgespräch nichts, und wenn er Geld verlangt, so male ich ihm die Kanzlei aus. Es gibt einen Kostenvoranschlag, der ca. 1 Jahr alt ist."

Ich hatte diesen Anwalt über einen Architekten kennengelernt. Am nächsten Tag rief ich ihn an. Zum Glück war er nicht auf Urlaub. Ich machte mir einen Nachmittagstermin aus. Seine Kanzlei war im 6. Bezirk und wir wurden sehr höflich und nett empfangen. Als wir in der Kanzlei saßen und auf den Anwalt warteten, richtete meine Frau alle Unterlagen her, und das war nicht wenig. Die Buchhaltung der letzten 3 Jahre. Ich hatte das Video in meiner Jackentasche. Ich wollte unbedingt, dass sich der Anwalt den Film ansah.

Sobald er den Raum betrat, wusste ich, das war der Richtige. Mein Gefühl sagte mir das.

Wir erzählten ihm alles, es dauerte eine Stunde, bis wir alles durchhatten. Der Anwalt schrieb die ganze Zeit mit, es waren so ca. 10 Seiten Mitschrift. Dann sagte er mit etwas unsicherem Blick: „Das Ganze ist natürlich nicht ungefährlich. Er hat doch sehr viel Geld und Sie haben wenig, oder besser gesagt nichts. Andererseits wieder, er muss darauf achten, wenn er schon solche Gaunereien macht, dass Sie oder eine andere Firma, die auch für jeden Auftrag eine gewisse Summe bezahlt, Pleite geht. Es muss ihm ja klar sein, dass eine Firma, egal welche, die durch sein unseriöses Handeln bei der Auftragsvergabe in Konkurs geht, ihn zur Rechenschaft ziehen wird. In Ihrem Fall sind es 330 000,– Euro. Wenn diese Hausverwaltung Ihnen das Geld nicht gibt, so können Sie Ihr Haus verkaufen, im schlimmeren Fall wird es versteigert. Wenn ich an seiner Stelle wäre, würde ich bezahlen. Es wäre das Beste für ihn. Ich hätte aber noch gerne den Film gesehen."

Wir sahen uns gemeinsam den Film an, und als er zu Ende war, sagte der Anwalt nur: „Wenn Sie das vor Gericht zeigen, dann geht er sehr lange in den Knast. Das ist die

Spitze von einem Wirtschaftsverbrechen. Diese Hausverwaltung muss Millionen kassiert haben. Wie lange gibt es das Unternehmen schon?"

„So ca. 80 Jahre."

Der Anwalt meinte: „Den Film behalte ich in meiner Kanzlei, bis alles geklärt ist. Die ganze Sache ist für euch nicht ungefährlich. Wenn die beiden Haifische wissen, dass Sie einen Film haben – ich weiß nicht, wie Senior und Junior reagieren würden. Dieser Beweis könnte lebensgefährlich sein. Ich würde Ihnen vorschlagen, warten Sie bis nächste Woche, bis die beiden angerufen haben. Schauen Sie, dass die alles bezahlen und dass sie nie erfahren, dass Sie Junior gefilmt haben. Man weiß nicht, was den beiden einfällt. Sollten sie nicht bezahlen, so vertrete ich Sie vor Gericht, aber das wird ein sehr langer Prozess. Nicht nur, dass die Wirtschaftspolizei sich einschalten wird, die werden dann noch andere Hausverwalter ins Visier nehmen, das wird wie ein Flächenbrand. Am besten wäre es, alles wird bezahlt."

Wir bedankten uns bei dem Anwalt. Beim Verlassen der Kanzlei wünschte er uns noch viel Glück. „Sollte irgendetwas Negatives vorfallen, so rufen Sie mich sofort an."

Ich hoffte, dass das nicht nötig sein würde. Wir waren voller Zuversicht, dass Junior zahlen würde.

Es war so weit, eine Woche später meldete sich Junior und sagte, wir sollten am Abend um 20.00 Uhr in die Kanzlei kommen. Wir waren beide sehr nervös. Ich steckte mir zur Vorsicht ein Messer ein. Wir wussten ja nicht, was auf uns zukommen würde.

Beim Betreten der Kanzlei mussten wir uns die Jacken ausziehen, und als wir in Juniors Büro reingingen, drehte Junior sehr laut das Radio auf. Dies macht man, wenn jemand ein Tonbandgerät eingesteckt hat. Wenn im Hintergrund Musik spielt, so ist das Tönbandgerät wertlos. Man versteht kein Wort.

Junior fing zu sprechen an. Er sagte, dass er sich mit der ganzen Familie einig sei, alle Schulden zu bezahlen, aber ich müsse einen Kreditvertrag unterschreiben. Wenn irgendjemand etwas erfahren würde, wäre der Kredit sofort fällig. „Auch ich brauche meine Sicherheiten."

Ja, da hatte er recht. Meine Sicherheiten hatte ich. Ich hatte den Film und meine Buchhaltung. ER BEZAHLTE. Endlich hatte ich die zwei, wo ich sie haben wollte. Junior sagte: „Ich gebe Ihnen kein Bargeld, sondern ich gehe mit Ihrer Frau von Bank zu Bank und gebe Ihrer Frau immer nur das Geld, das sie braucht. Wie machen wir das mit dem Finanzamt?"

„Genauso wie mit allen anderen Gläubigern", war meine Antwort. „Und ich möchte, dass alles ins Reine kommt."

Und so war es dann auch. Ich hatte alle Schulden bezahlt und konnte meine Firma schließen. Ich habe dann noch erfahren, dass sich Junior ein Haus im 17. Bezirk von unserem Baumeister bauen hat lassen.

Das Haus von Junior weist einen Luxus auf, den man selten sieht. Kostenpunkt dieses Hauses: 14 Millionen Schilling. Weiters baute Junior mit dem Baumeister ein Hotel in Vietnam, und alle seine Firmen wurden zur Eröffnung eingeladen.

Meine wahre Geschichte ist nun zu Ende. Ich hoffe, dass dieses Buch über die Gefahren der Baubranche sehr viele Jungunternehmer zum Nachdenken anregt.

Der Autor

Herbert Küpferling ist im Arbeitermilieu in Wien aufgewachsen. Nach 13 Jahren als Malergeselle erfüllte er sich den Traum, sich selbstständig zu machen. Dieser Traum entpuppte sich bald als Albtraum. Beinahe wäre er im Haifischbecken Baubranche ertrunken.

novum VERLAG FÜR NEUAUTOREN

Der Verlag

„Semper Reformandum", der unaufhörliche Zwang sich zu erneuern begleitet die novum publishing gmbh seit Gründung im Jahr 1997. Der Name steht für etwas Einzigartiges, bisher noch nie da Gewesenes.
Im abwechslungsreichen Verlagsprogramm finden sich Bücher, die alle Mitarbeiter des Verlages sowie den Verleger persönlich begeistern, ein breites Spektrum der aktuellen Literaturszene abbilden und in den Ländern Deutschland, Österreich und der Schweiz publiziert werden.
Dabei konzentriert sich der mehrfach prämierte Verlag speziell auf die Gruppe der Erstautoren und gilt als Entdecker und Förderer literarischer Neulinge.

Neue Manuskripte sind jederzeit herzlich willkommen!

novum publishing gmbh
Rathausgasse 73 · A-7311 Neckenmarkt
Tel: +43 2610 431 11 · Fax: +43 2610 431 11 28
Internet: office@novumpro.com · www.novumpro.com

AUSTRIA · GERMANY · HUNGARY · SPAIN · SWITZERLAND

novum VERLAG FÜR NEUAUTOREN

Bewerten
Sie dieses Buch
auf unserer
Homepage!

www.novumpro.com